え？ 弥生土器なのに
縄文がついたものが
あるって本当ですか!?

知られざる弥生ライフ

著者 譽田亜紀子
監修 大阪府立弥生文化博物館
イラスト スソ アキコ

誠文堂新光社

はじめに

皆さんは「弥生時代」と聞いて、まず何が頭に浮かびましたか？

米作り？　戦争？　鉄が入ってきた？　それとも、つるっとした弥生土器？

どれも正解です。

それ以外の事柄が浮かんだとしたら、なかなかの「弥生時代ツウ」と言えるかもしれません。

私もまったく同じでした。

「弥生時代って、いったいどんな時代だったのか全然ピンとこない」

それどころか、弥生時代のキーワードとも言える「争い」「支配」「格差」といったような複雑化する社会情勢に、なんだか少し違和感を感じていたのが正直なところ。

しかし、監修を担当してくださった大阪府立弥生文化博物館の学芸員・中尾智行さんに言われたのです。

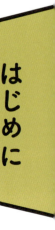

「弥生の人々は戦闘的だと思われているけれど、環境がそうさせた部分もあるんです。自分の集落の田んぼは不作で高床倉庫に米がない。どうやって次の1年、集落の人間を食わせていけばいいんだ、と頭を抱えた首長の元に、隣の集落はそこそこ米が採れたらしいと情報が入る。それを聞いた首長は、集落の皆を食わせるために、隣り村を襲うという苦渋の決断をした、なんてことがあるかもしれません。確かに、時代によっては支配することや、ただ争いが好きな人も出てくるかもしれませんが、そうではなく、やむにやまれず戦闘的にならざるを得なかった弥生の人びともいたと思うのです」と……。

これを聞いた途端、弥生時代の人々が私の頭の中で動き出しました。

そもそも、私たちの食事に米は欠かせません。その米作りが大々的に始まった弥生時代を知らずにおくのは違うのではないか。すべて私たちへと続く歴史の一部なのだから、ちゃんと向き合ってみようと思ったのです。

調べていくと、杵や臼はこの時代からほとんど形と用途を変えず現在まで存在していますし、鍬《くわ》や鋤《すき》もほとんど変わっていないことがわかりました。日本列島に暮らす私たちは、2000年も同じ道具を使って米作りをしてきたのです。

もちろん、縄文時代があるからこそ積み上がった歴史ではあります。それでも今の生活に繋がる暮らしの根幹に弥生時代があることは疑う余地もありません。そこで、この本を書き、皆さんと「知られざる弥生時代」を共有したいと思ったのです。そこには、私が想像していた以上に、い

ろんな意味で「人間らしい」営みの痕跡が溢れていました。

確かに、弥生時代の後半には、支配や争いが顕著になります。一方で、早い段階から大陸の人々を受け入れた現住の人々は、思っている以上に好奇心旺盛で、外に開かれた人々だったのではないかと。

そして、大陸の人々と鉄器や暮らしを通じて交流している弥生人たちに、国際的で、少しでも暮らしを効率的で便利にしていきたいという前向きなエネルギーを感じずにはいられませんでした。

弥生時代に、今の日本に続く国家、そして社会の原型が↘

↙作られたのは確かです。
だからこそ、この時代を知ることが、今を生きるヒントになるのではないかと思っています。
本書では、知っているようで知らない弥生時代の基礎知識を中心に、スソアキコさんの柔らかいイラストとともにまとめることにしました。
今まで私たちがイメージしていた弥生時代とは違う「知らなかった!」弥生時代がお伝えできればと願ってやみません。

CONTENTS

彼らに会いに行く前に知っておきたい弥生知識

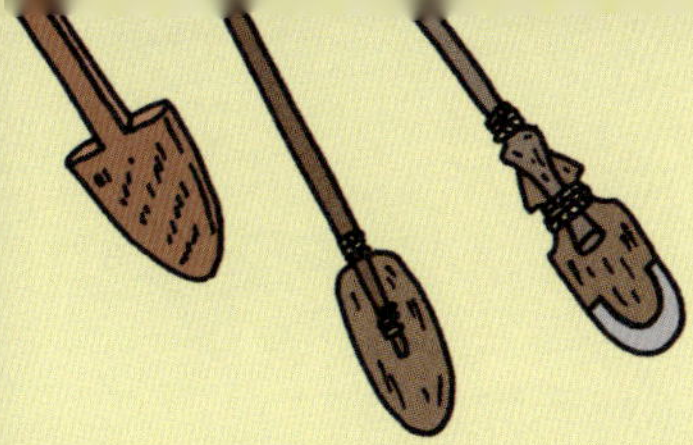

1章 社会の移り変わり

2章 衣食住とお仕事

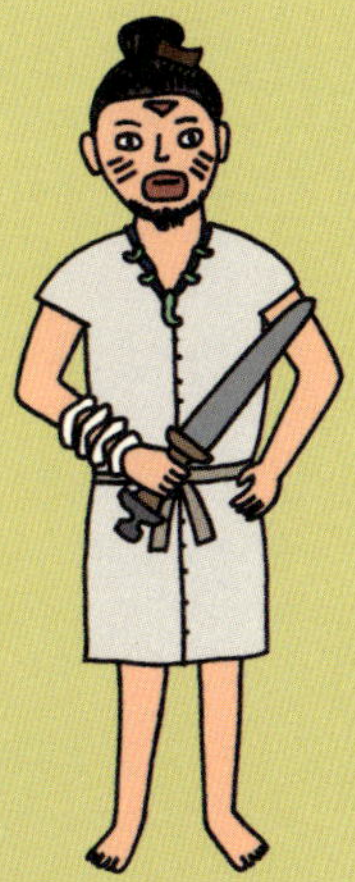

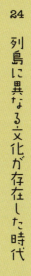

3章 弥生時代の祭祀

4章 弥生遺跡ガイド

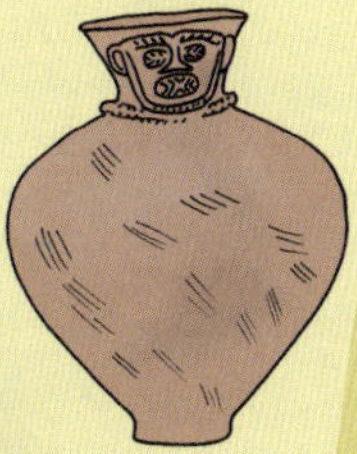

5章 続縄文時代と貝塚時代

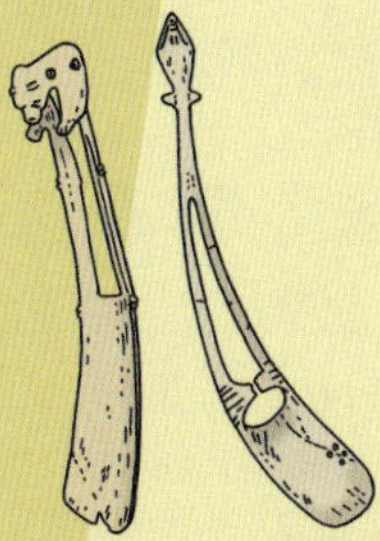

6章 卑弥呼と邪馬台国の謎

知られざる
弥生ライフ

彼らに
会いに行く前に
知っておきたい
弥生知識

YAYOI

基本のキ

「弥生時代」って、いつのこと？

弥生時代とは、紀元前10世紀前後から紀元後3世紀中頃の時代を言います。ただし、この時代幅に関しては現在のところ研究者の間でさまざまな意見があります。本書では、北部九州で大規模な水田稲作が始まったころから、近畿地方に前方後円墳が作られ始めるまでを弥生時代と考えます。

弥生時代は社会の成熟の度合いに合わせて、「早期」「前期」「中期」「後期」の4つに分けられます。また、早期から中期前半は弥生時代の基礎が作られた時代であり、中期から後期は、各地で台頭する王によって地域政権が展開される時代と、大きく分けて2段階の流れがありました。

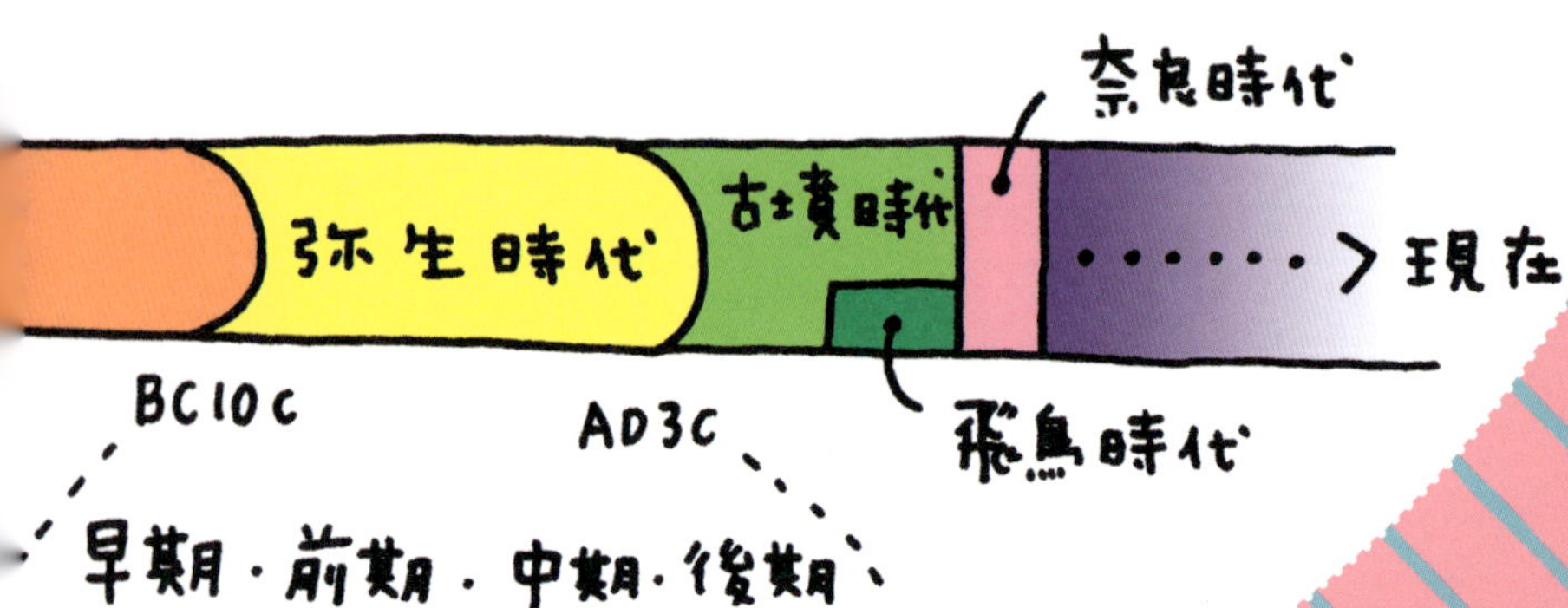

そもそも、「弥生」って何？

では、弥生時代の「弥生」とは何を意味しているのでしょうか。

1884年（明治17年）、東京府本郷区向《むこう》ヶ《が》岡《おか》弥生町から見つかった壺は、それまでに発見された土器（縄文土器）とは違った特徴をもっていました。縄文時代よりも上の地層から発見されたため、見つかった地名から弥生式土器（現在は弥生土器）と名付けられました。同じような特徴の土器を使い暮らした人々の文化を弥生文化と呼び、その土器が普及した時代を弥生時代と呼ぶようになったのです。

ぬぬ、縄文土器とは少し違う…？

1884年（明治17年）、旧東京府本郷区向ヶ岡弥生町から見つかった壺。（写真提供／東京大学総合研究博物館）

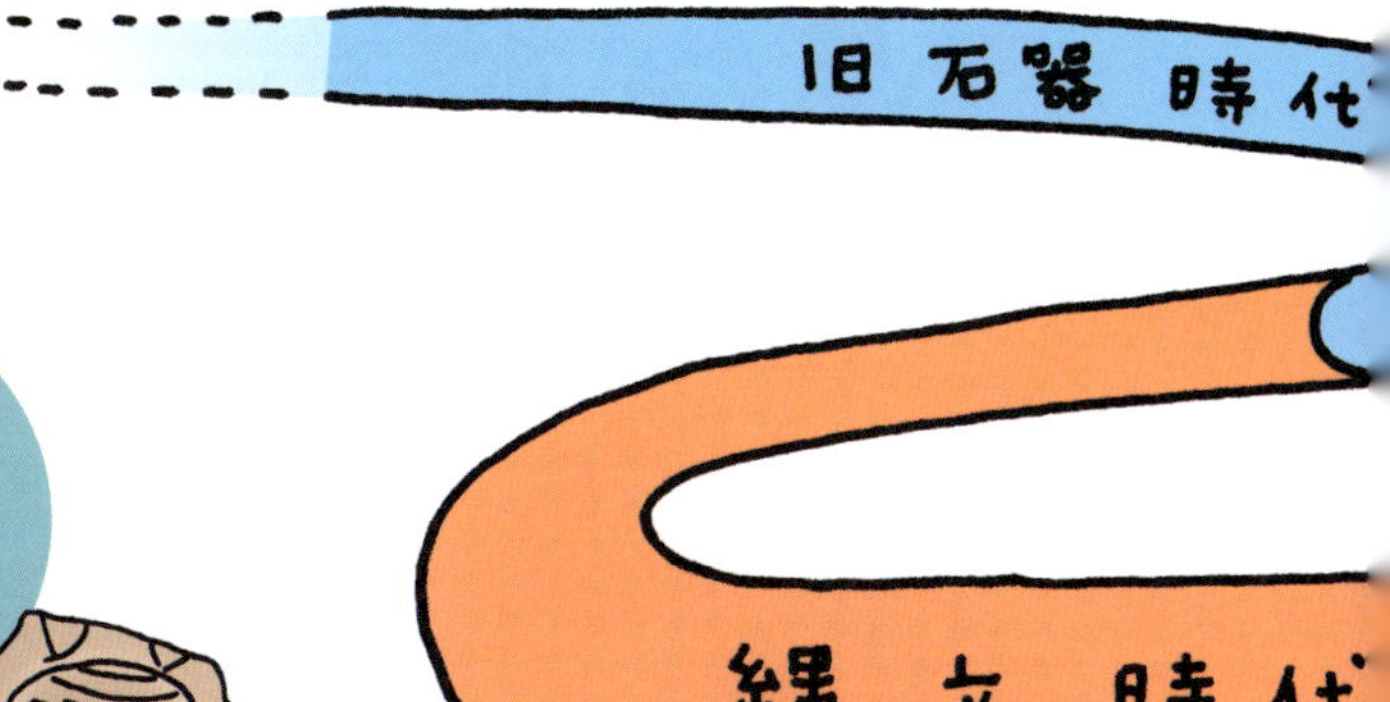
旧石器時代
縄文時代

縄文時代より歴史は短いけど、人間模様が詰まっているね！

弥生時代とは

紀元前10世紀前後から紀元後3世紀中頃の時代を言います。

注）国立歴史民俗博物館が2003年（平成15年）に出した研究成果に基づく。

YAYOI

弥生人はどこから来たの？

海の向こうの新天地へ

弥生時代に生きた人々のことを、便宜的に「弥生人」と呼ぶことがありますが、実際の弥生時代には、一言では語れないほど多様な文化、そしてDNAを持った人たちが存在していました。「渡来系弥生人」「縄文系弥生人」という言葉を聞いたことがある人も多いでしょう。

渡来人《とらいじん》とは大陸由来のDNAを持ち、水田稲作と金属器を携えて日本列島にやってきた人たちのことを指します。その後、渡来人によってもたらされた

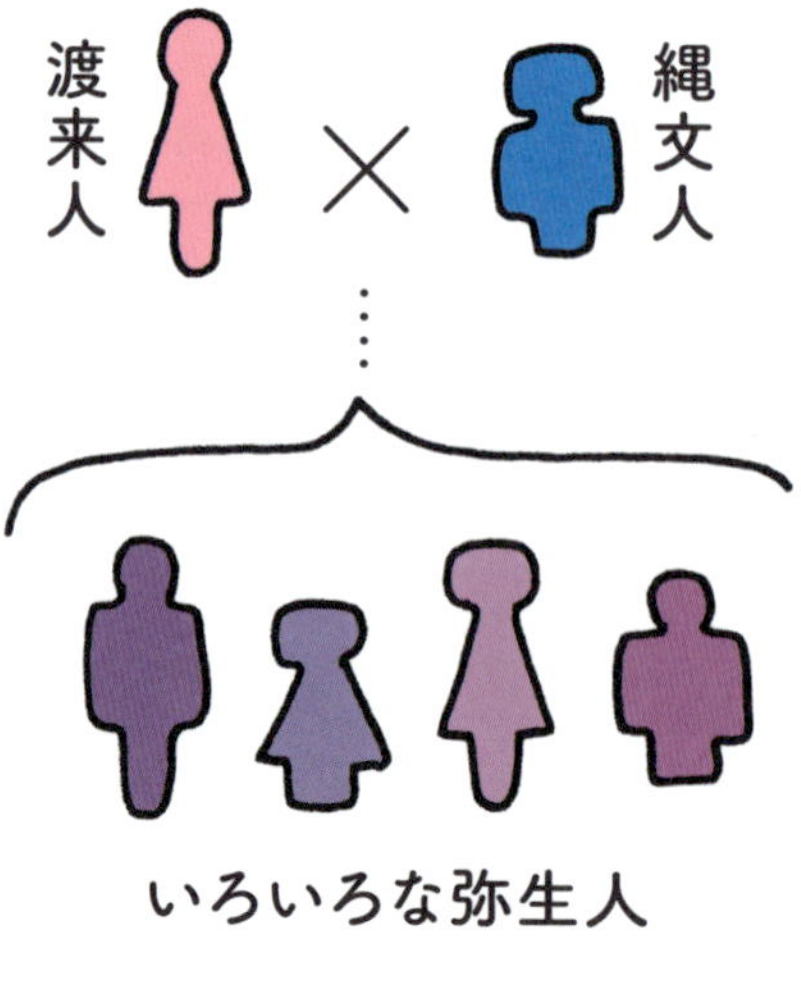

渡来人と縄文人が結ばれ、いろいろな弥生人が誕生しました。

文化と在来の文化とが結びつき、弥生文化が誕生したのです。

　また、弥生文化によって日々の暮らしを営んだ人々を弥生人と言います。弥生人には2タイプあり、ひとつが縄文人の特徴を色濃く持つ人々（縄文系弥生人）、もうひとつが渡来人の特徴を色濃く持つ人々（渡来系弥生人）です。

　その後、古墳時代にも大陸から海を渡って列島にやってくる人々との間で混血が進み、それが今の日本人の基礎になったと考えられています（沖縄、アイヌ人は除きます）。

コメ作りの方法と共に
荒波の大海原を越えてやってきた

では、渡来人たちは、どのようにして朝鮮半島南部から渡ってきたのでしょうか。

時代を遡ること7000年前。すでに縄文時代前期から、九州と朝鮮半島沿岸の人々の間に交流があったことが、両地域で見つかる土器や耳飾りなどからわかっています。考えてみれば、朝鮮半島から見て、玄界灘を挟んで対馬《つしま》、壱岐《いき》があり、その島々に立ち寄りながら周辺に暮らす人々が舟で行き来していたとしても何ら不思議ではありません。

ただ、このころは、本格的な移住定住というわけではなく、漁業を生業にしていた人々の間で交流していた程度だと考えられています。

時代はくだり、紀元前11世紀ごろの様子を見てみましょう。日本列島では縄文時代晩期にあたりますが、そのころ朝鮮

半島で水田稲作が始まりました。農耕社会が発展するにつれ、ムラの中に、統率する者とされる者という身分の差ができるようになりました。朝鮮半島南部に作られた支石墓《しせきぼ》など、環濠集落（外部の侵入を防ぐためにムラの周囲に濠を巡らした集落）が権力者の存在を物語っています。

となれば、その支配から逃れたいと思う人々が出てくるのが世の常というもの。結果、水田稲作に従事した朝鮮半島南部の人々が、稲作技術を携え、もともと交流のあった北部九州に新天地を求めて船出しました。玄界灘の荒波を越え、やってきたのが渡来系弥生人の祖先たちだったのです。

海を渡った大型船（イメージ）

準構造船と呼ばれる大型船で朝鮮半島から物資を運んだのかもしれません。
※弥生時代初期の船の形はわかっていません。

YAYOI

弥生人の身体測定

意外と大柄だった？

今までに発見されている弥生人骨から、平均身長は、男性が163センチ、女性が150センチほどとされています。縄文人の男性の平均身長が158センチですから、5センチも伸びたことになりますが、実はこれには理由があるのです。

見つかる弥生人骨の多くが九州、山口県西部にかたまっており、これらの人骨

のルーツをたどると多くが大陸に行き当たります。つまり、大柄な渡来人の形質を受け継いだから、このような結果になったのかもしれません。

平均身長の比較

弥生人の男性の平均身長は 163㎝。現代人と比較しても、意外と大柄な人もいたのかもしれません。

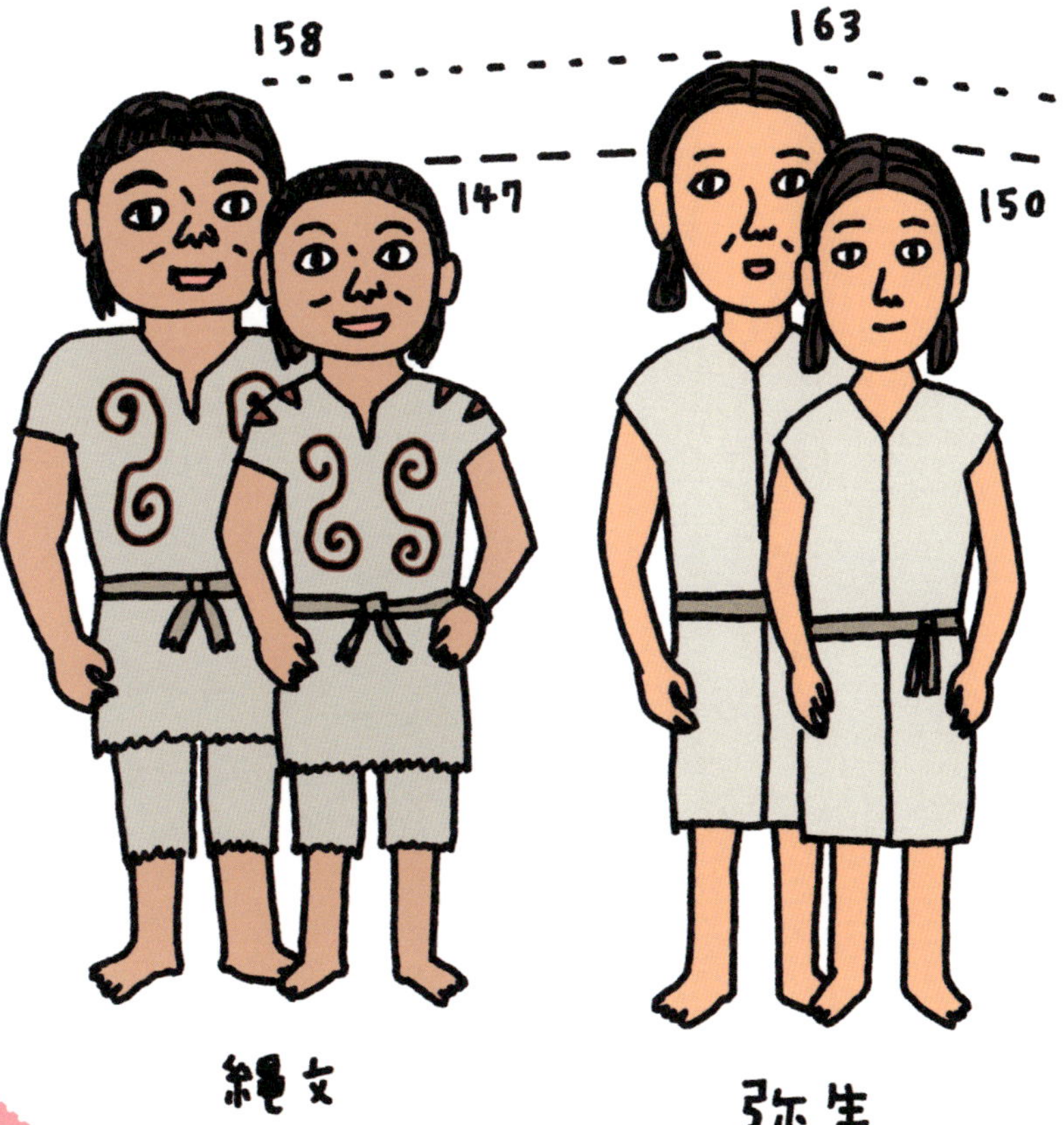

YAYOI

弥生人のルックス

顔の特徴は3タイプ

多くの弥生人骨が見つかったのは、①「北部九州・山口」、②「西北九州」、③「南九州」ですが、この地域の中でもそれぞれ違いがあります。まず①の人骨は、顔が面長で彫りが浅く、身長が高い。②は顔の長さは短かめで、横幅が広くて鼻が高くて身長が低い。いわゆる彫りが深い弥生人です。そして③は、顔が小さくて②以上に横幅が広く、身長がとても低い。こちらも彫りの深い顔立ちです。つまり、①は朝鮮半島や大陸にルーツをもつ弥生人で、②と③は縄文人の形質をより濃くもつ弥生人と言えそうです。

　また中には、抜歯をした人骨も見つかっています（↓51ページ参照）。これは縄文時代に成人としての通過儀礼や地域や所属を示すために行われていたもので、弥生時代にも継続されていたことがわかります。

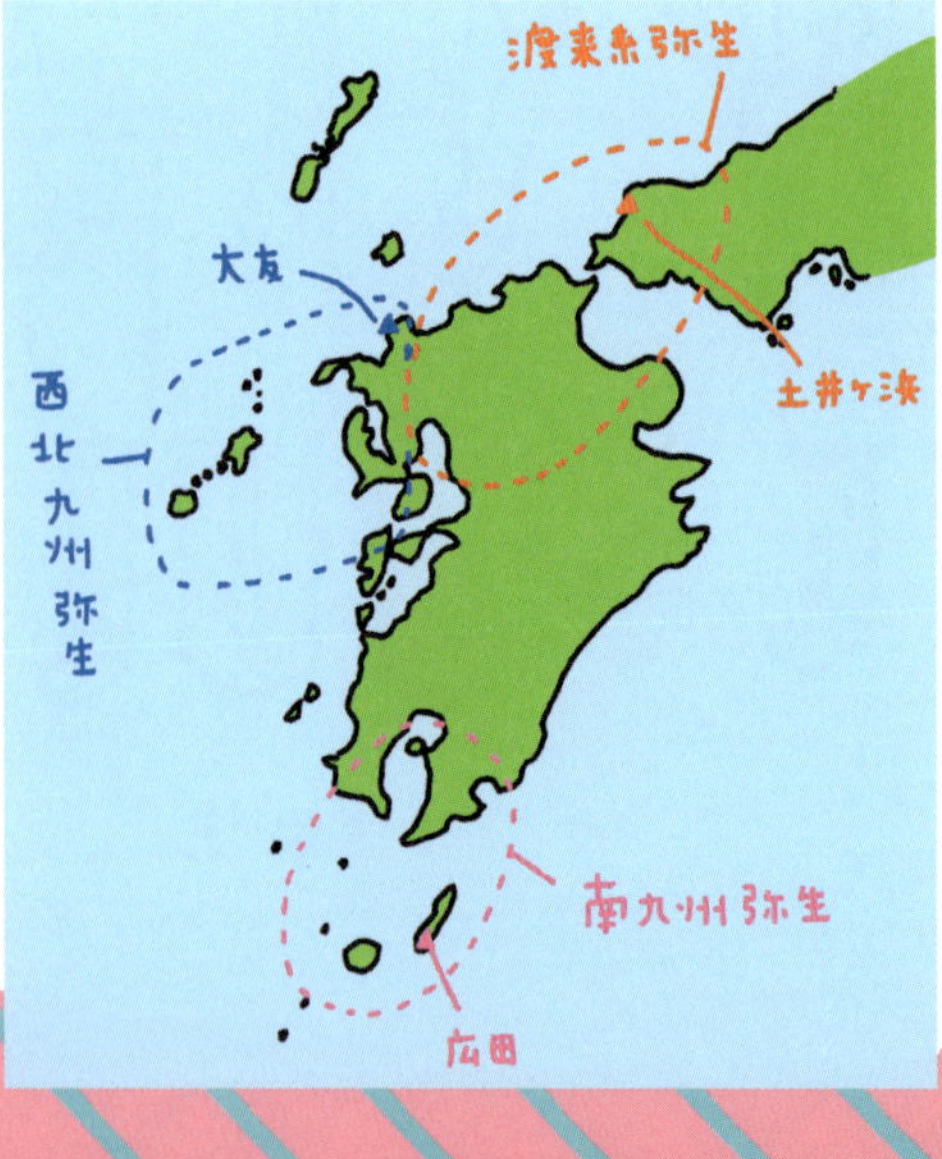

弥生人骨の出土エリア

主に北部九州・山口、西北九州、南九州エリアの遺跡で多くの弥生人骨が見つかっています。

弥生人の顔の特徴

弥生人にもいろいろなタイプがあります。各地の遺跡で見つかった人骨からも、それらの顔の特徴がわかります。

①北部九州・山口（渡来系）

顔が面長で彫りが浅い。

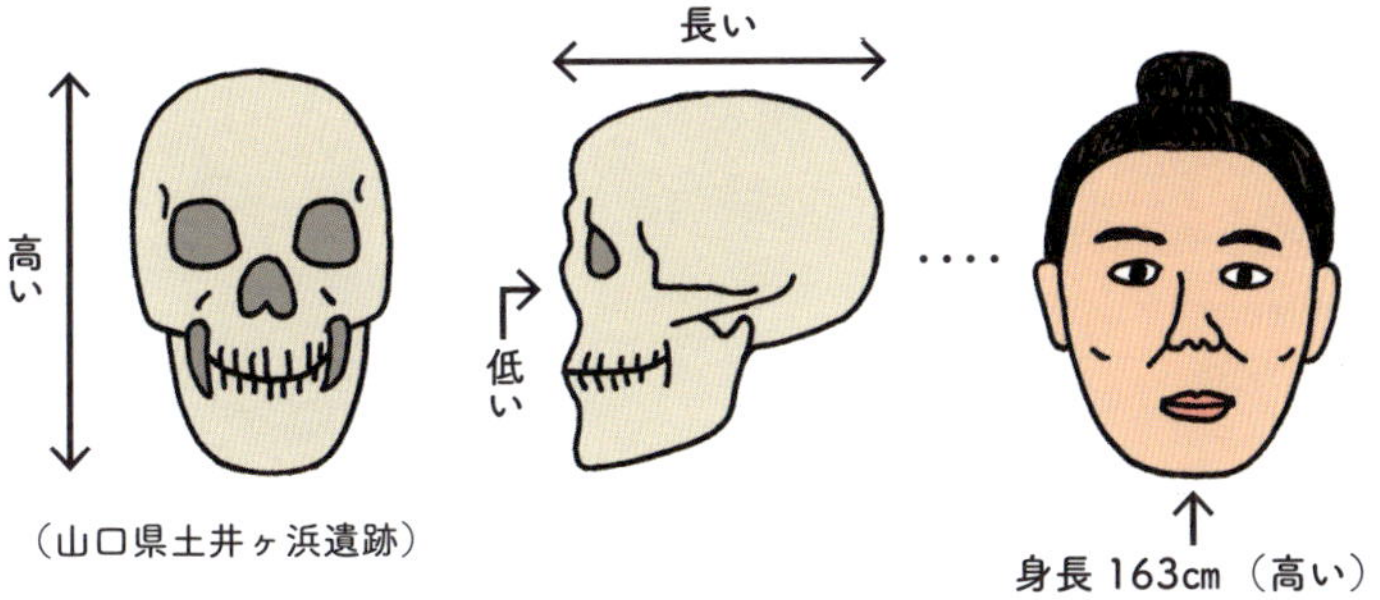

②西北九州（縄文系）

縄文人の形質をよりもつ弥生人。顔の長さは短めで横幅が広く、鼻がやや高い。

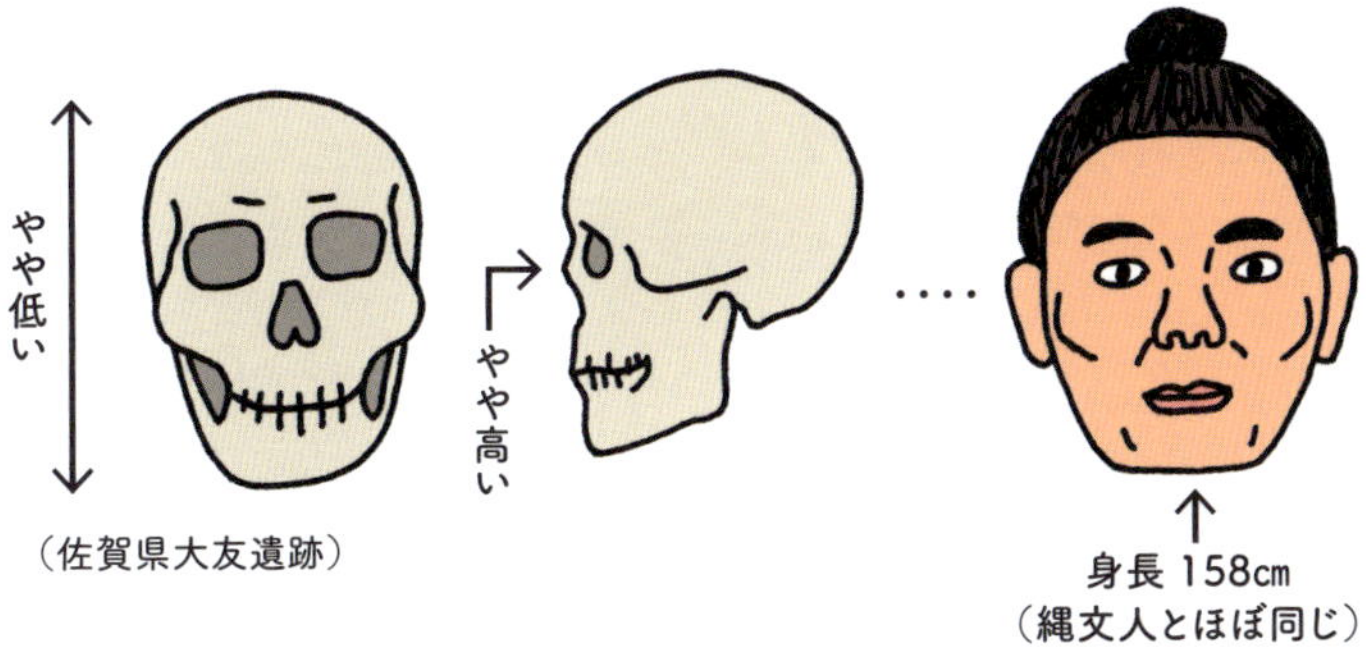

③南九州（縄文系）

縄文人の形質をよりもつ弥生人。顔が小さくて、②よりも横幅が広く、彫りが深い。

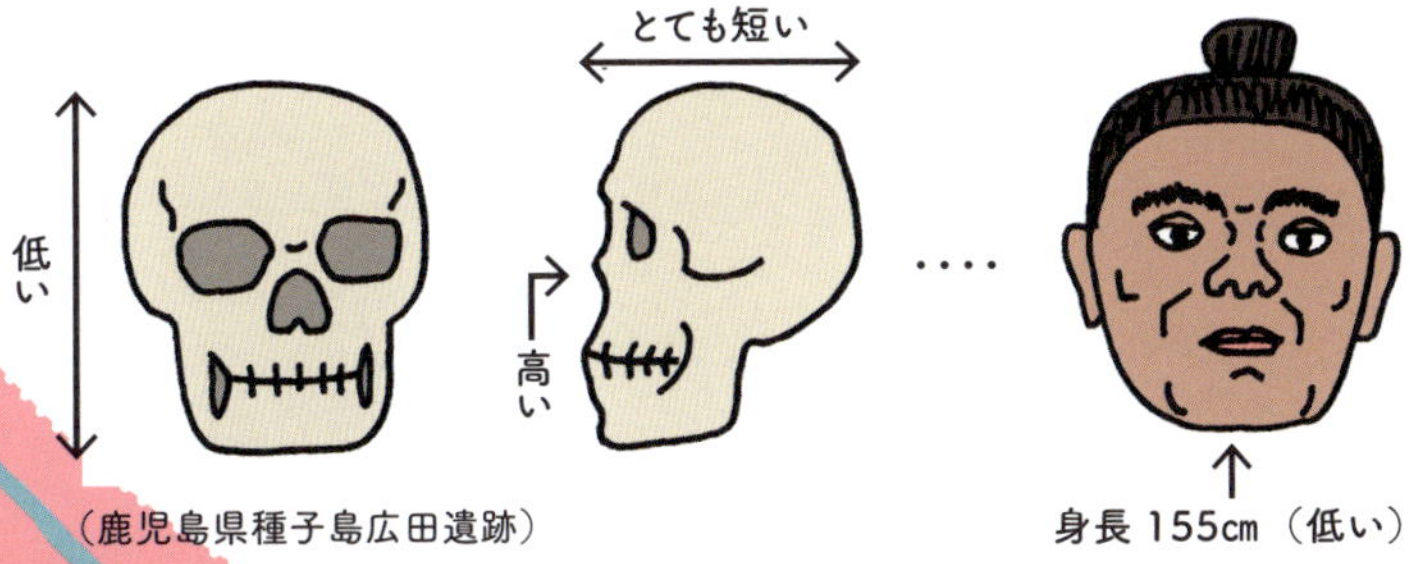

column

弥生時代の恋

ところで皆さん、想像してください。

あなたは浜辺で海を見ながら座っている。ああ、今日も海がきれいだな、なんて思いながら。するとそこに、見たことがない顔、見たことがない服を着た人たちが生活道具を携えて船に乗ってこちらに向かってくるのが見える。あなたは驚いて、物陰に隠れた。日焼けした面長の顔は、自分の周りにいる男たちとは全然違っていて、どこかスッキリした雰囲気で涼しげでもある。船を漕いで来たからだろうか。よく見ると上半身は細いのに締まっていて、とても美しい。何か話をしているみたいだけれど、言葉は理解できず、その日はそっとその場を立ち去った。

その夜、母親から顔がのっぺりした人たちが集団で海を渡って来たことを聞かされる。最近多いと言う。母は怖がっていたけれど、あなたは思う。あ、私が昼間に見た人に違いない。

それからというもの、あなたはあの人のことが忘れられず、どこに暮らしているのかと探すようになった。ある日、水がたまってぐちゃぐちゃした土地に、見慣れぬ草がたくさん植わっているのを見つけた。どうやらこれはあの人たちが植えたものらしい。物陰から様子を伺っていると、あの時見た人がこちらに視線を向けているのがわかった……。

と、渡来人と在地に暮らした男女の間に、こんな出会いがあったかもしれません。

食料を確保するための接触や、見たことのないものへの憧れ、好奇心からなど、いろんなことが想像できますが、生まれたクニ（このころにその感覚はないと思いますが）が違っても男女が恋に落ちるのは、とても自然なことだったのでしょうね。

知られざる弥生ライフ

1章

社会の移り変わり

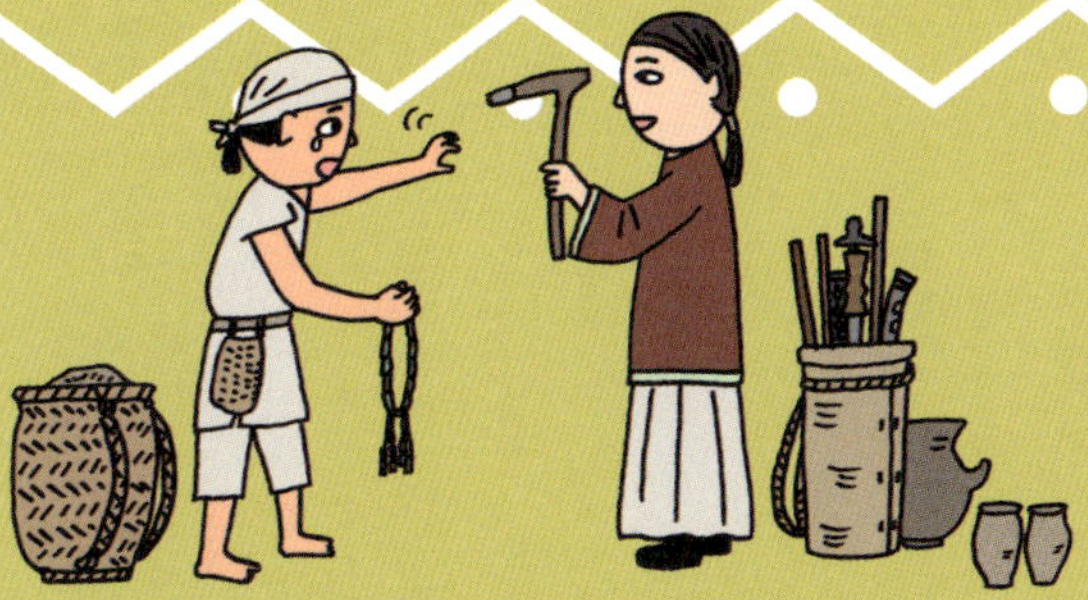

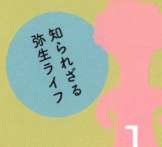

列島に異なる文化が存在した時代

Q 縄文から弥生へ、どんなふうに時代が移っていったのですか？

少し前まで、大陸からやってきた渡来人によって、縄文人が滅ぼされてしまったように思っていた人も多いのではないでしょうか。しかしこれまでお話ししてきたように、実際にはそうではなかったのです。

もう少し縄文時代から弥生時代へと移行する時期を見てみましょう。

縄文時代晩期、東北地方で遮光器《しゃこうき》土《ど》偶《ぐう》が盛んに作られていたころ、北部九州では、渡来人と、もともとその地に暮らしていた縄文人によって、水田稲作を暮らしの中心に据えた弥生文化が始まりました。つまり、南北に長い日本列島の中で、異なる文化が同時に存在していたのです。

ただ弥生文化が始まったと言っても、一気に水田稲作が広がったわけではあ

りません。数百年かけてじわじわと列島内に広がっていったのです。

では、西日本に比べて水田稲作の開始が遅れた東日本の人は、どうやって暮らしていたのでしょうか。東日本では、畑作農耕の割合は格段に増えたものの、縄文時代から続く暮らしを継続していたと考えられています。だからでしょうか。東日本の弥生土器には、西日本の弥生土器には見られない縄文が施されているものが多いのです。

米作りが始まり、新しいスタイルの土器が使われるようになっても、土器に縄文を施すことに並々ならぬ執着があったように思える東日本の弥生人。コメの美味さにやられてしまっても、縄文時代の心は忘れないということなのでしょうか。

そんな弥生土器を見るたびに、なんだか切ない気持ちになってしまいます。

コメの美味さに激震走る!?

Q 弥生といえば稲作のイメージ。米作りはどのように広まったのですか?

縄文時代の晩期、東北地方の亀ヶ岡《かめがおか》文化圏を中心に遮光器土偶が盛んに作られていた頃、九州の北部では水田稲作を暮らしの中心に据えた弥生文化がすでに始まっていました。先にお話ししたように、南北に長い日本列島の中で、異なる文化が同時に存在したのです。

そもそも大陸からの人の交流は弥生時代に始まったことではありません。それ以前にも人の行き来はありましたが、朝鮮半島南部で水田稲作をしていた人々が新天地を求めて移り住んだのがこの時期だったのです。

一例として、九州北部、福岡県早良《さわら》平野にある有田七田前《ありたななたまえ》遺跡の人々を見てみましょう。

室見川《むろみがわ》の上・中流域に縄文的な生活で暮らす人々（縄文人）がいて、その下流域に大陸から渡ってきた人々が水田稲作をしながら暮らしています。水田稲作をする人々と伝統的な暮らしをする人々は、住み分けをしながらも、お互いの存在が気になっていたことでしょう。

博多湾の弥生時代早期の遺跡

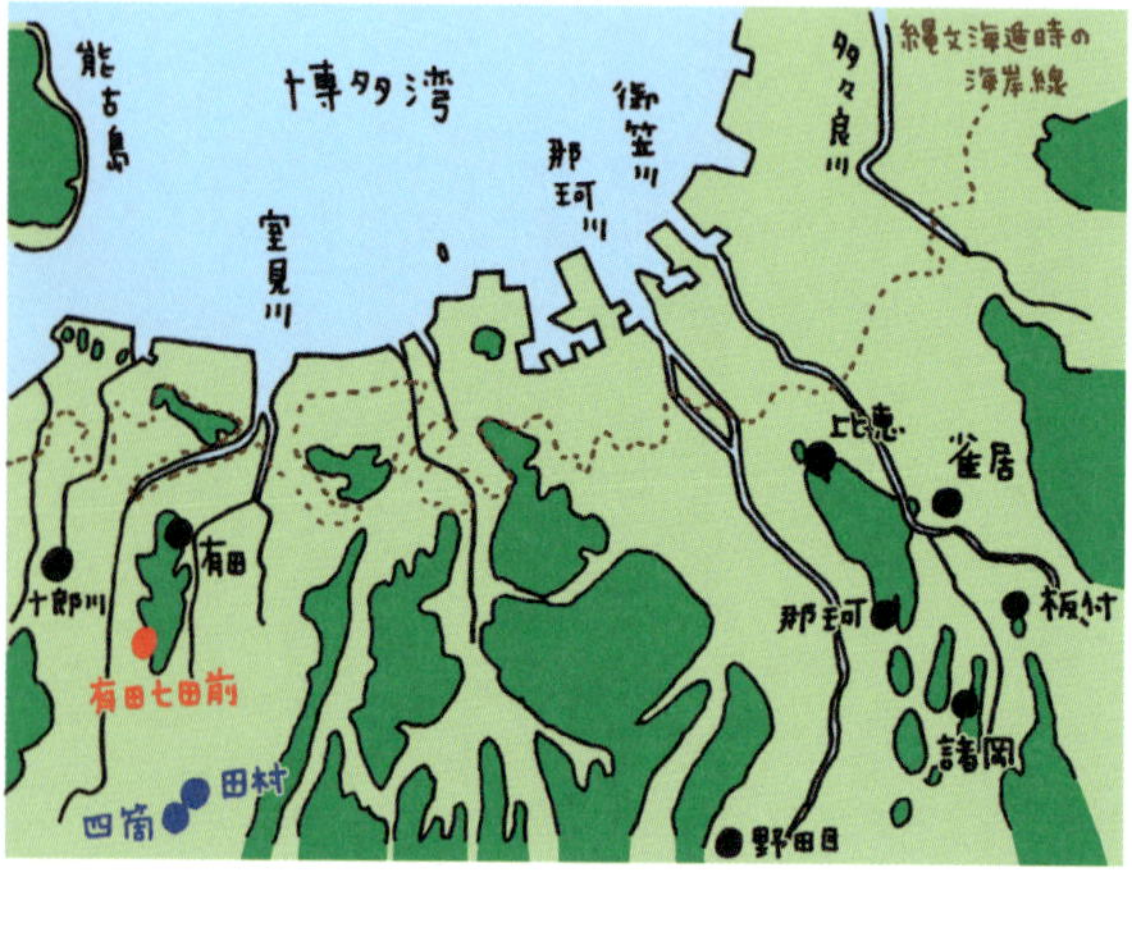

福岡県の室見川流域において、下流の有田七田前遺跡では弥生的な暮らし、上・中流の田村遺跡、四箇遺跡では縄文的な暮らしをしていたと考えられています。

●●●代表的な遺跡

「福岡平野における弥生文化の成立過程」藤森慎一郎（1999）より作成

はじめてのコメ

縄文時代の晩期、九州北部では大陸からきた人々が米作りを行っていました。やがて、彼らの水田稲作文化が先住の縄文人にも受け入れられていったのでしょう。

両者は少しずつ距離を縮め、ゆっくりと意思疎通をはかります。そうして新しい文化を受け入れていったように思います。もしかしたら、大陸の人々は米を炊いて縄文人に食べさせたかもしれません。渡された米を縄文人はおそるおそる口に入れ、噛みしめるほどに広がる旨味に衝撃を受けました。あくまでも想像ですが、その味を知った縄文人は、今まで味わったことのない米の美味しさの虜になったのでしょう。もしかすると、私たちが思う以上に、縄文人たちは積極的に水田稲作という新しい文化を取り入れたのかもしれません。

弥生文化の始まりは、それまでの縄文時代の暮らしの上に水田稲作という社会システムが重なり、それがグラデーションのようにジワジワと広がりながら作り上げられていったのです。

大陸とのおつき合い

Q 弥生時代に、みんなをまとめるリーダーはいたのですか？

私たちの現在の暮らしは、日本という小さな島国の力だけで国が運営されているわけではありません。周辺の国々、あるいは協調関係にある多くの国々とうまくつき合い、日本という国を安定して運営することができるかどうかは、国のトップにとって力量が問われるところです。いわゆる外交力です。このように、諸外国とうまく付き合っていくために国のリーダーが舵を取るのは、今に始まったことではありません。すでに弥生時代から行われていたことで、卑弥呼もその舵取りをした人のひとりと言えます。

外交の相手は3世紀の中国、三国時代の王朝のひとつ「魏」でした。魏は、卑弥呼も登場する『「魏書《ぎしょ》」東夷伝倭人《とういでんわじん》条《じょう》』（略称：魏志倭人伝《ぎしわじんでん》↓118ページ参照）を生み出した国です。

卑弥呼は倭国を束ねたあと、最初は漢《かん》（公孫氏《こうそんし》、帯方郡《たいほうぐん》）、そして魏王朝と外交を始めました。その際、生口《せいこう》と呼ばれる人々や珍しい品々を贈り物として進呈したと魏志倭人伝には書かれています。外交と言っても、明らかに魏王朝のほうが立場は強く、言うなれば「配下に入る」という感じだったようです。それでも卑弥呼は、魏の国から「親《しん》魏《ぎ》倭《わ》王《おう》」という金印や銅鏡を100枚も下賜されています。これは魏が後ろ盾になったという証で、当時としては破格の扱いとも言えます。しかし、この出来事は卑弥呼にとって有利に働いただけでなく、魏にとっても周辺の国々に対して、「うちは南にも協力国があるぞ」というポーズにもなったことでしょう。

このように、卑弥呼以前から、弥生時代には、「クニとして中国とどのような関係を作るのか」ということに重きが置かれる国際交流が行われたのです。

3世紀・東アジアの勢力図

3世紀の中国では、後漢王朝の滅亡後、魏・呉・蜀の3つの国が天下を三分する「三国時代」が訪れました。倭国の卑弥呼が朝貢したとされる魏王国は、始祖・曹操が中国北部を統一した後、長男の曹丕が洛陽に遷都し、魏王朝の初代皇帝（文帝：在位220〜224年）となって権勢を誇りました。

女王・卑弥呼
（想像図）

鉄器に魅了された弥生人

Q 鉄器を作る技術はどこから伝わったのですか？

大陸の人

卑弥呼の時代から少し遡り、大陸との政治的な付き合いが始まるまでの国際交流のようすを見てみましょう。実は民間レベルでの交流は、もっと実用的なものだったようです。

弥生人たちは、青銅器や鉄器を作る技術や素材を求めて、朝鮮半島南部の人々と交流していた痕跡があります。紀元前4世紀、日本最古の鉄器は朝鮮半島を経由して、中国大陸で作られた鉄製の斧などが持ち込まれました。鉄器は大変な貴重品で、刃こぼれしたくらいでは廃棄せず、砥石で研いで小型の道具に再利用していたほどでした。それほどまでに鉄器を大切にしていたかと思うと、目頭が熱くなる思いがします。

さらに前3世紀前後からは、朝鮮半

鉄斧、欲しい！

鉄器の使用は、水田稲作と共に弥生文化の大きな特徴のひとつとされています。

弥生人

島南部で九州北部の弥生土器が見つかるようになります。その時期は、鉄器が列島で見つかり始める時期と一致するとも言われています。

列島で作り始める前に完成品を輸入し、壊れても大事に再利用していたけれど、「こんなに素晴らしいものなんだったら、俺たち自身で海を渡って手に入れよう」と思うのは、現代人の感覚と何ら変わりはないでしょう。

稲作技術を携えて朝鮮半島南部から人が渡ってきたように、弥生人が鉄を求め、また様々な文化的交流を求めて船で行き来していたのは想像に難くありません。

こうして弥生時代の前半は、民間レベルで朝鮮半島南部と交流し、深い関係を築いていったのです。

環濠の中はとっても安心!?

Q 弥生時代の集落の特徴って何ですか？

弥生時代の社会を語るうえで欠かせない大きな特徴のひとつに、「環濠集落《かんごうしゅうらく》」があります。これは水田稲作と共に大陸から持ち込まれた集落のあり方で、外敵や害獣、ときには洪水などの自然災害から集落を守るために、さらにはムラの集団意識を高めるために周囲に濠を巡らしました。

集落によっては、何重もの堀を巡らす環濠集落もありました。その内部には集落の人々が暮らす住居はもちろんのこと、米を保存しておく高床式倉庫や、遺跡によっては食料を貯蔵しておく貯蔵穴などがありました。また食料だけでなく、田畑を耕すために共同で使う農耕具を入れておく倉庫もあったかもしれません。

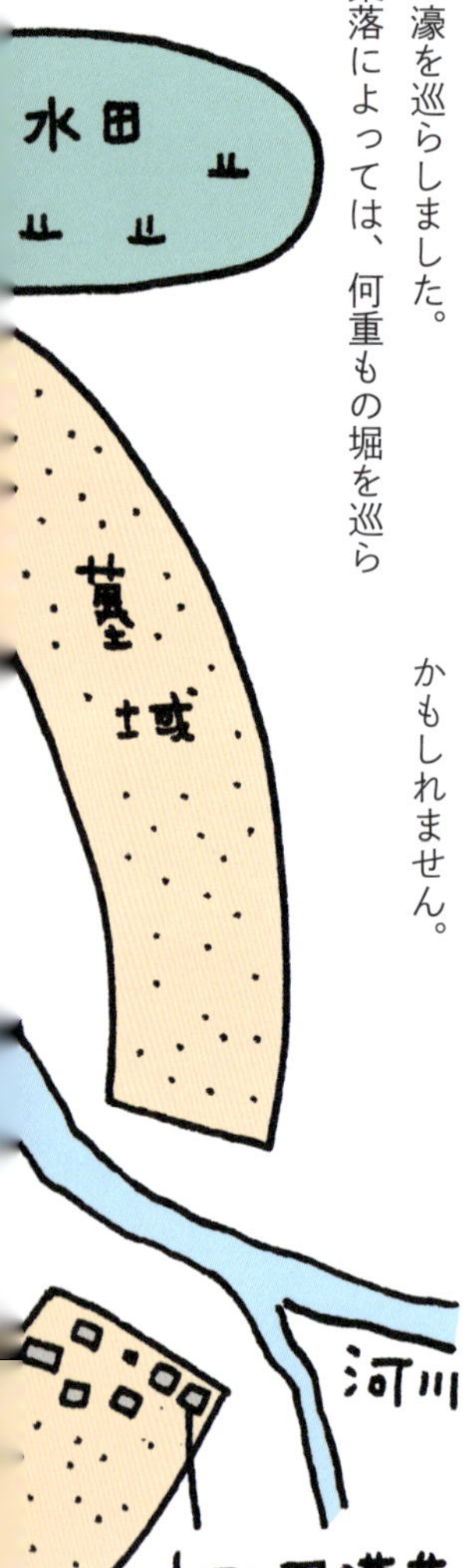

環濠集落
（大阪府池上曽根《いけがみそね》遺跡の例）

紀元前50年ごろ（弥生時代中期後半）の大阪府池上曽根遺跡の集落の様子。河川や地形を利用しながら環濠を作り、生活区域を分けている様子がわかります。環濠の内部には、集落の人々が暮らす住居や祭祀を行う建物、食料を備蓄する高床式倉庫や貯蔵穴、田畑を耕す農耕具を入れておく倉庫などもありました

方形周溝墓《ほうけいしゅうこうぼ》は弥生時代のお墓の形態のひとつ。

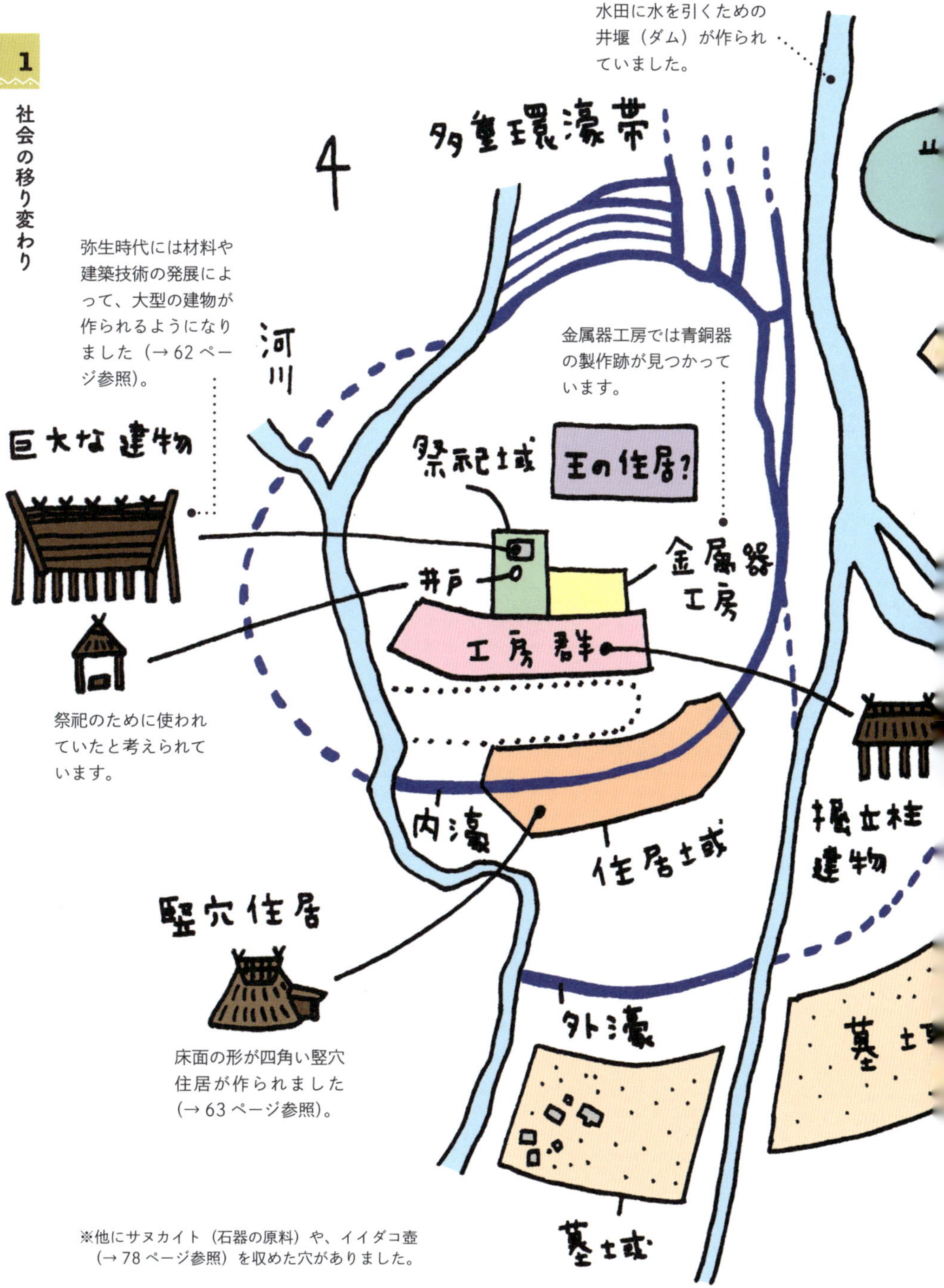

水田に水を引くための井堰（ダム）が作られていました。

弥生時代には材料や建築技術の発展によって、大型の建物が作られるようになりました（→ 62 ページ参照）。

金属器工房では青銅器の製作跡が見つかっています。

祭祀のために使われていたと考えられています。

床面の形が四角い竪穴住居が作られました（→ 63 ページ参照）。

※他にサヌカイト（石器の原料）や、イイダコ壺（→ 78 ページ参照）を収めた穴がありました。

皆でムラを守れ！

Q 大型機械のない時代、どうやって深い環濠を作ったのですか？

環濠集落の「かんごう」には、「環濠」と「環壕」の2つの表記があります。厳密に言うと、「濠」と書く場合は、深く掘り下げた堀に水を巡らした状況をいい、「壕」と書く場合には、水を入れない空堀を言います。本書では、一般的な「環濠集落」という表現を使っています。

環濠の場合、自然の河道と繋がっていることも多く、洪水対策や用水路の機能も兼ねていたようです。

環濠作りは、当時としてはかなり大がかりな土木工事だったはずです。今のようにショベルカーなどの大型機械があるわけではありませんから、集落の人たちが総出で、木製の鍬などを使って手作業で掘ったのでしょう。連日続く、厳しい掘削作業に不満はつきものですが、自分たちの暮らしは自分たちで守る、という集落に対しての愛着、そして強い連帯をもたらしたのではな

環濠で万全のセキュリティ

環濠の堀は断面がV字状に非常に深く掘られていました。精神的、また物理的に大きな障害になったはず。

日本最大級の環濠集落 吉野ヶ里遺跡

弥生時代の遺跡の中でも、佐賀県の吉野ヶ里《よしのがり》遺跡は日本を代表する環濠集落です。その濠は断面がV字状にかなり深く掘られていて、近隣の集落から食料を奪うために侵入しようと試みても、たやすく濠を登ることができないようになっています。また環濠で囲まれた内部には、人々が行き交う市や青銅器を作る工人の工房、祭祀を行う特別な場などが作られていました（→98ページ参照）。

いでしょうか。
　水田稲作だけでなく、こうした大掛かりな工事を通して、集落の指導者はより権力を高め、集落の結束を促したのかもしれません。環濠集落はより強い仲間意識を作り出す装置だったとも言えそうです。

争いのはじまり

Q 戦争は弥生時代に始まったというのはホントですか？

ムラの守りを固める

弥生時代の集落は、住居のまわりを木の柵と土塁で取り囲み、さらに環濠をはり巡らせていたと考えられています。環濠の外側には「逆茂木」という枝付きの木や「乱杭」をくまなく埋め込んで、敵の襲撃に備えた集落も見つかっています。

日本列島では、弥生時代になって、富や食料などを巡って争いが始まったと言われています。弥生時代には、コメという富の発生に加え、土地や水を巡る争いなど、人と争う火種の要因が多くあり、そこに背景がありそうです。

それを証明するように、弥生時代のはじめ頃は九州北部で争いの痕跡が見られ、水田稲作の広がりと同様に、西日本を中心に広がっていきました。

壮絶な争いの痕跡

Q じゃあ、弥生人は戦うのが大好きな人たちだったの？

弥生時代の遺跡からは、数々の争いの痕跡が見つかっています。

例えば、福岡県スダレ遺跡からは、石剣の先端が胸椎《きょうつい》に刺さった状態で亡くなった男性の骨が出土しています。さらに、20本の矢を受けて亡くなった人の骨（岡山県清水谷《しみずだに》遺跡）や、石剣の切っ先が5本、石鏃《せきぞく》が10本というように、これでもかといわんばかりにさまざまな武器を打ち込まれた状態で亡くなった人の骨（京都府東土川《ひがしつちかわ》遺跡）なども発見されているのです。

なんとも壮絶な戦いが繰り広げられていたのだなと驚きますが、これらは争いの痕跡のごく一部に過ぎません。中には首を狩られて埋葬されている人や、鈍器のような凶器で顔を潰されている人もいます（↓40〜41ページ「争いによる受傷例②、③」）。

時期や場所に違いはありますが、縄文時代には見られないような凄惨な状態で埋葬されている人骨が見つかるのは事実です。

争いの道具？

吉野ヶ里遺跡から出土した有柄銅剣。柄の部分まですべて青銅で出来ている。儀式に使った可能性も高い。

（写真提供／佐賀県）

争いが増えて狩猟道具にも変化が

争いが増えていくにしたがい、鏃の形状も変化していきました。縄文時代や弥生時代前期の石鏃は、大部分が２グラムまでで、狩猟を目的としていてそれほど大きくはありません。それが弥生時代中期以降は、大型化、かつ重量化しています。動物を狩るための道具が、人と争うための武器へと変わっていったのだと見られています。

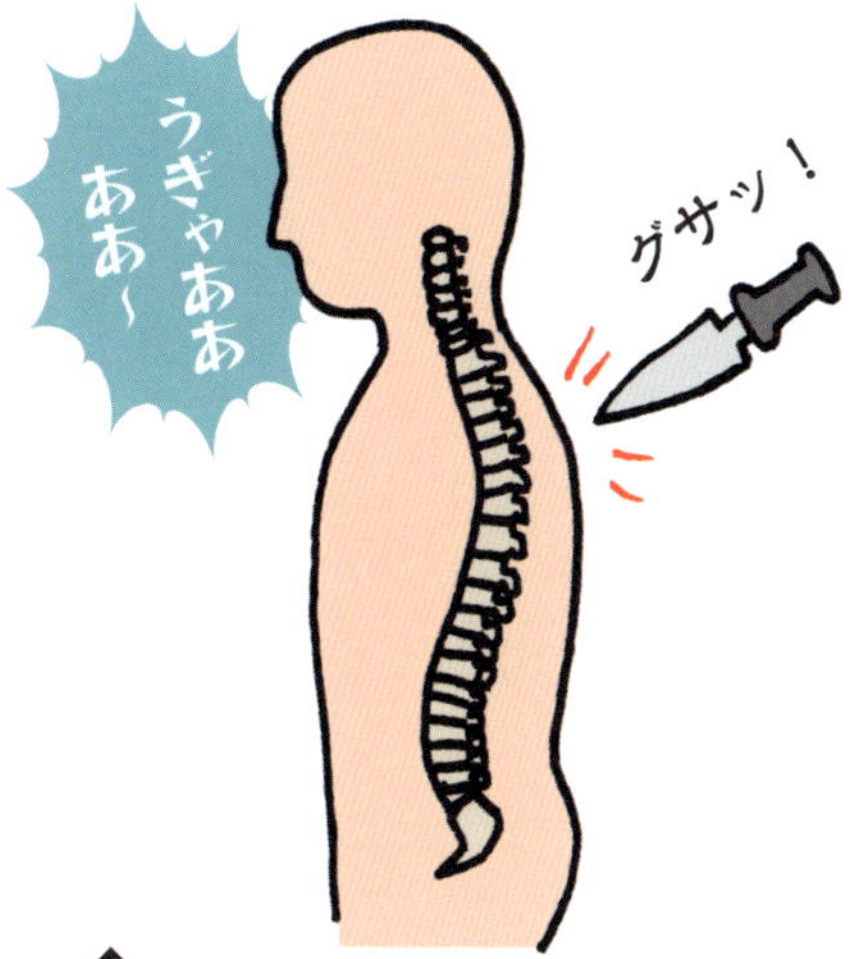

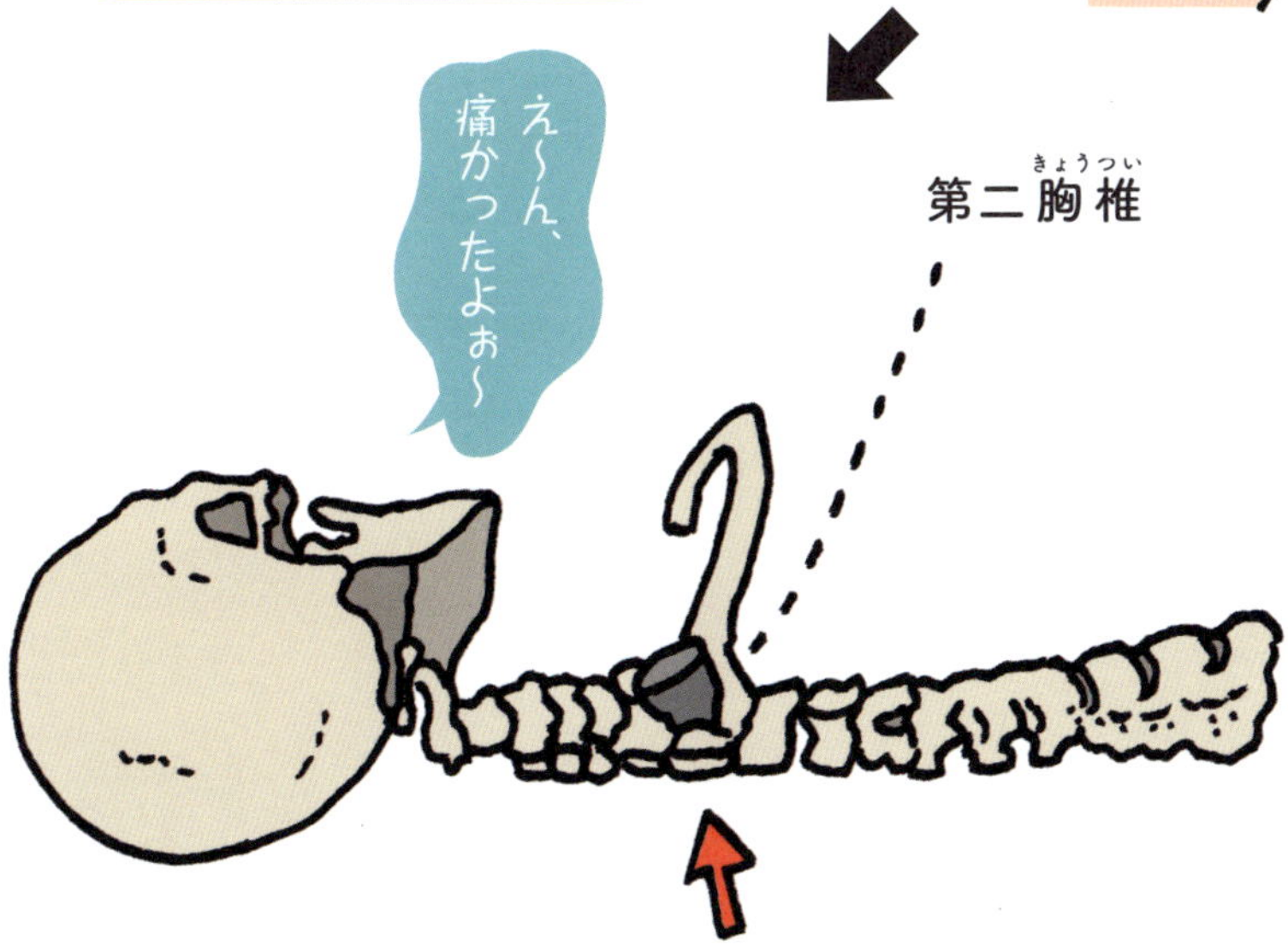

争いによる受傷例 ①

背骨に石剣がグサリ（福岡県スダレ遺跡）

1975年（昭和50年）、採土工事中に多くの甕棺や人骨が出土。男性のものとみられる人骨のうち１体は第二胸椎に石剣の先が刺さった状態で発見されました。この人骨は、身長約162㎝の熟年男性のものと推測されています。

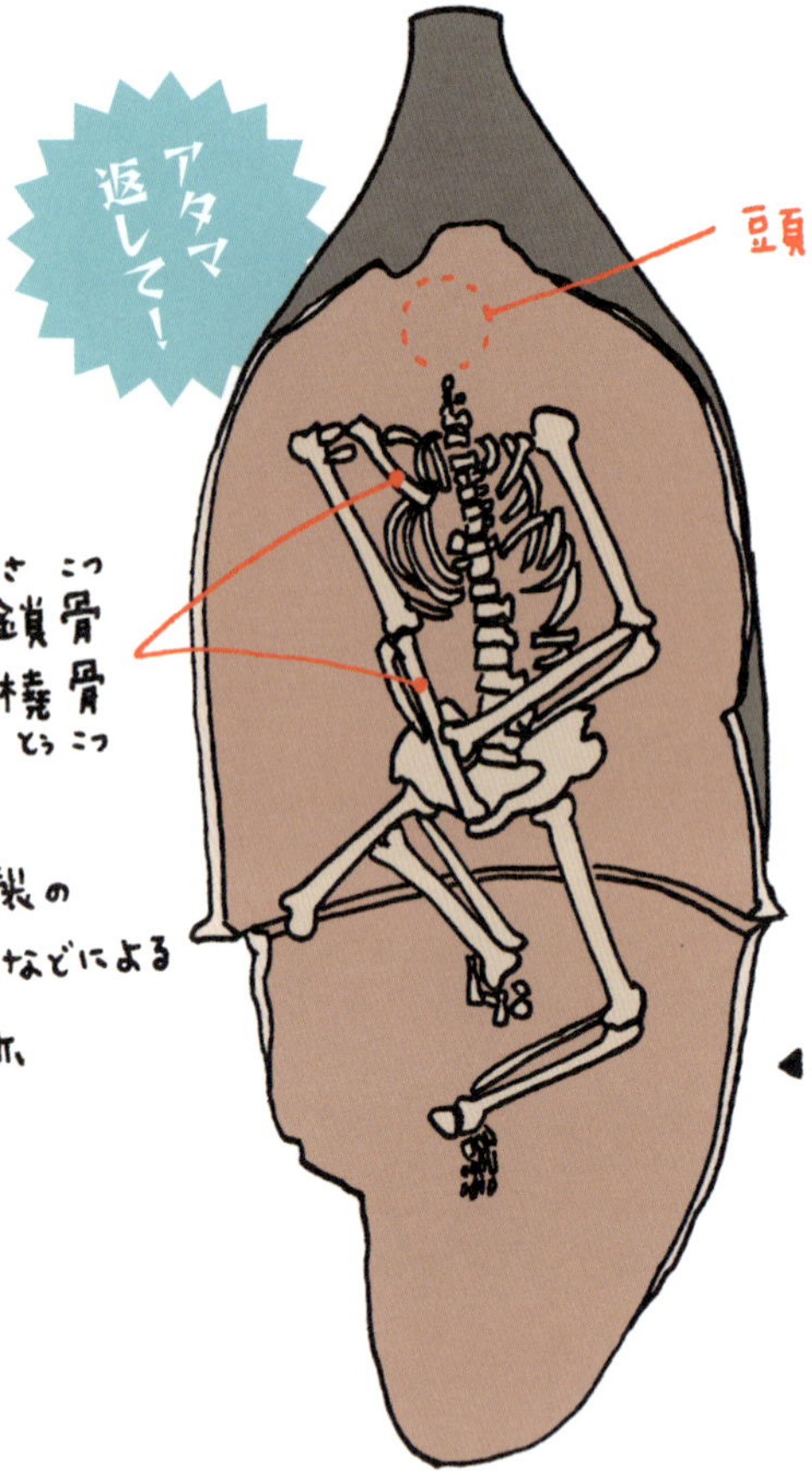

争いによる受傷例 ②

首なしの人骨

（佐賀県吉野ヶ里遺跡）

頭骨が切断された状態で甕棺に埋葬された人骨。戦いの勝者が頭部を切り取って持ち去ったのでしょうか。この人骨は壮年～熟年の男性と推測されています（→101ページ参照）

　では、弥生人は本当に戦いが好きな人たちだったのでしょうか？

　それを考古学の遺物から知ることはできません。しかし、実際に多くの武器や殺傷人骨が見つかっているのですから、戦いが好きか嫌いかは別として、戦わなければならない理由があったはずです。

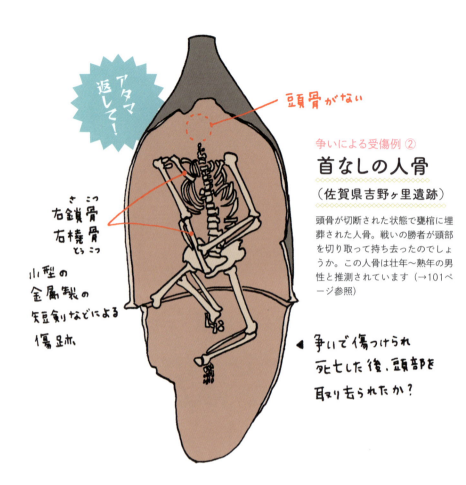

　それは一体何だったのでしょうか？　いちばんの理由は「水」と「土地」。水田稲作を生業にしていた彼らにとって、水の確保は死活問題です。もしも同じ川を使って田んぼに水を引いている上流の集落が、水を独り占めしてしまったらどうなるでしょう。下流に暮らす人たちの田んぼには水が入らず、自分たちの暮らしも干上がってしまいます。

　同じように、土地の問題も重要でした。食料事情が良くなれば人口は増えます。人口が増えるということは、食料もたくさん必要になるということで

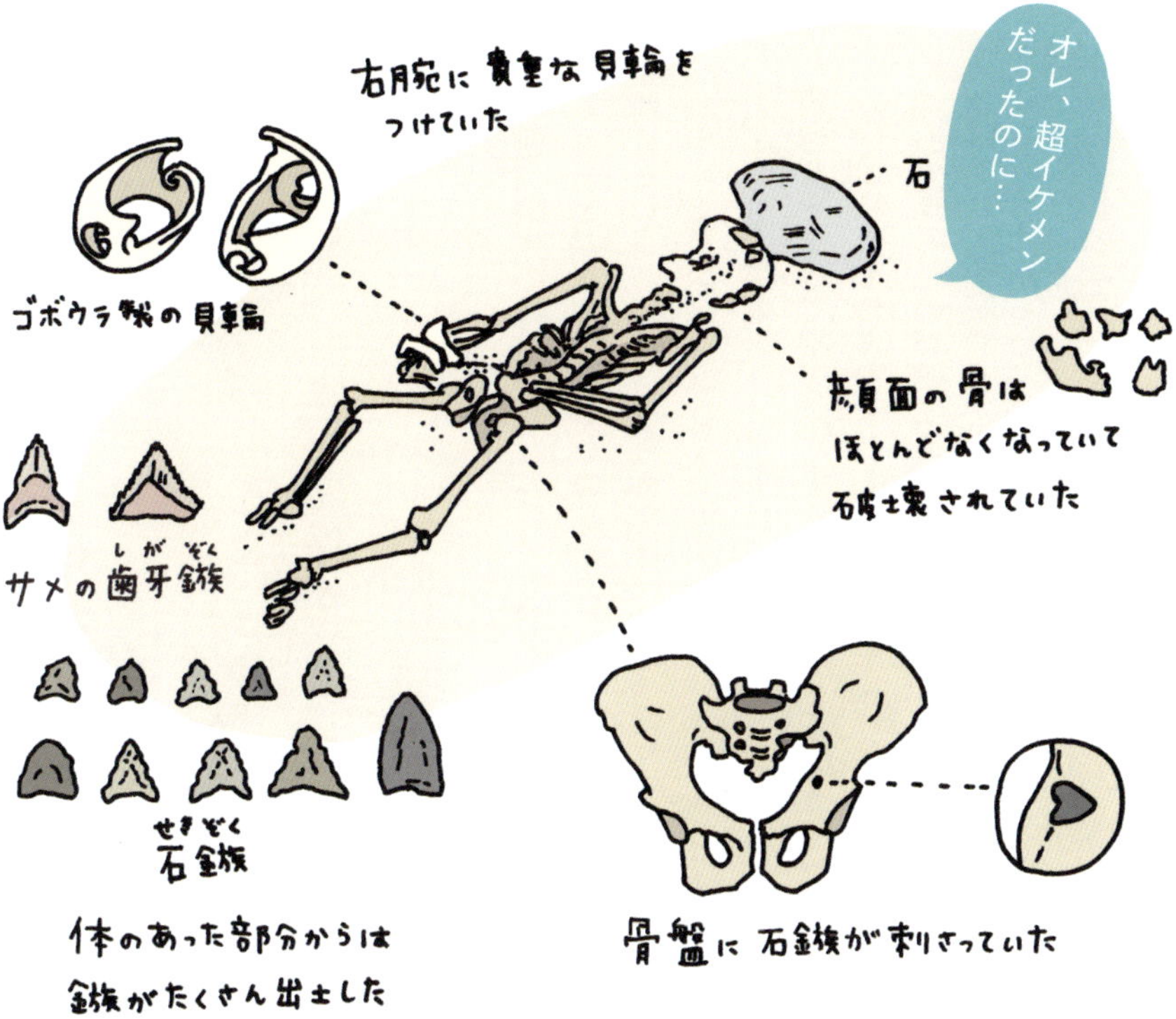

争いによる受傷例③

顔がつぶされた人骨（山口県土井ヶ浜遺跡）

顔面の骨は形跡もなくつぶされ、胸から腰にかけて多くの石鏃（石で作った矢じり）やサメの歯牙鏃が打ち込まれていました。おそらく熟年男性（40〜59歳）のもので、ムラを守るために戦った戦士ではないかと推測されています（→107ページ参照）。

すから、それを育てるための新たな田畑が必要になるのです。

ひと口に「土地」と言っても、稲が良く実るところもあれば、そうでないところもあります。できるなら良い土地が欲しいと思うのは世の常でしょう。他にも天災や凶作で食料が十分に得られないこともあり、それでは集落の人々が飢えてしまいます。

こうした食料確保にまつわる様々な要因が、周辺の集落との間に軋轢を生み、争いを生み出したと考えられます。もし、それが本当なのだとしたら、弥生人は戦いが好きな人々とは言えないのではないでしょうか。

誰も好き好んで人の命を奪いたいわけではありません。いつの時代も人は、生きることに命がけだということ。そして、これが後に大きな権力を持つための大きな争いに発展していくのです。

支配するもの、されるもの

Q 弥生社会にも、今みたいな上下関係があったのですか？

弥生時代の特徴のひとつに、支配するものと、支配されるものが生まれた時代ということが挙げられます。すなわち、上下関係のはじまりです。

もともと集落のリーダーだった人が、田作りを通して指導力や決断力を発揮し、信頼をそれまで以上に集め、人々の心を掴んだのが始まりだったのではないでしょうか。

時には自分の集落を飢えから守るために隣りのムラを襲って食料を奪うこともあれば、逆に食料を襲われないよ

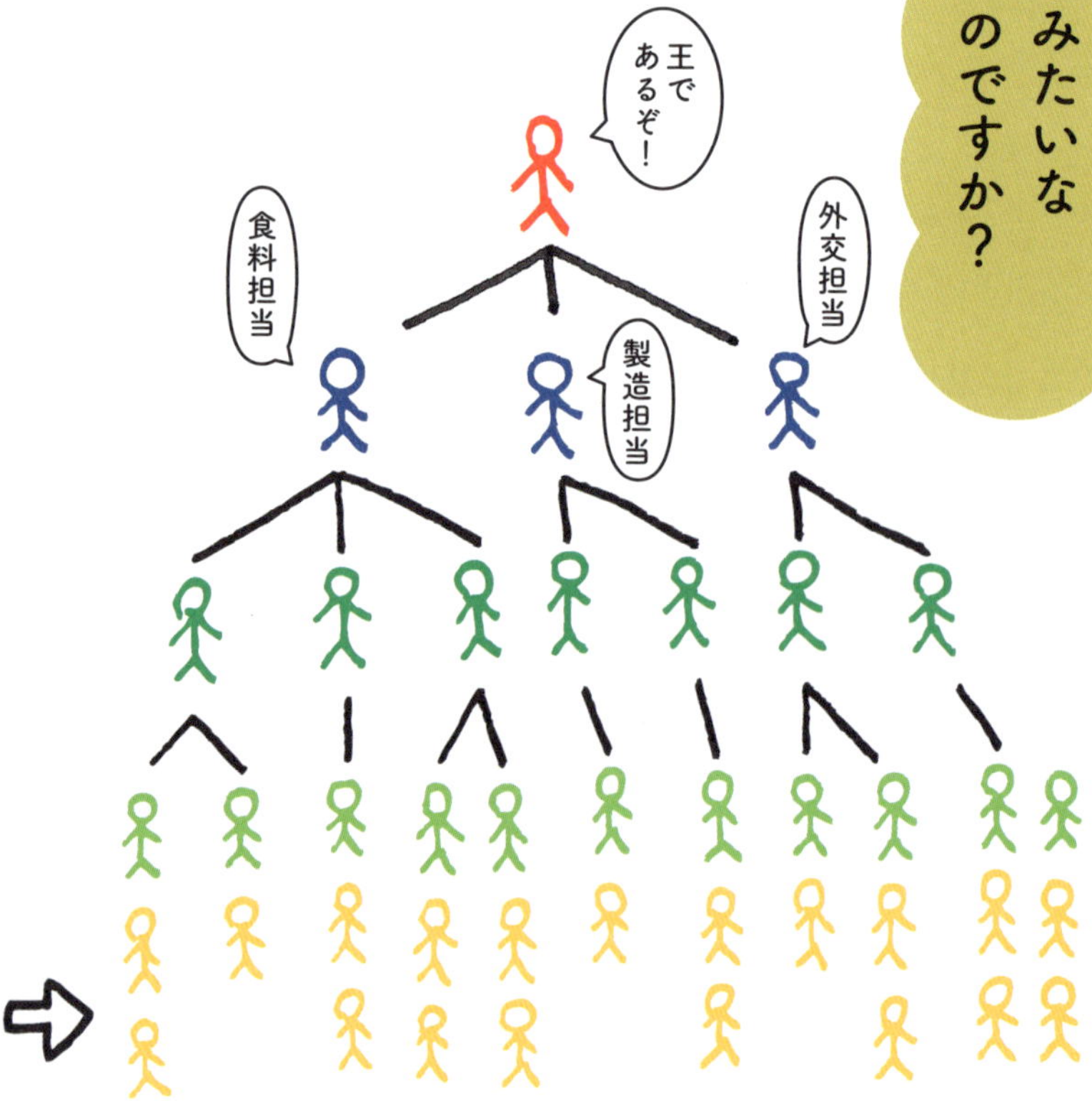

強大な権力をもった王が大勢の人々を支配。さらに仕事の役割が細分化する。

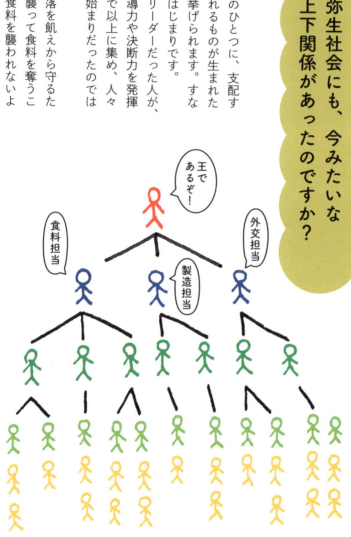

う、環濠（↓32ページ参照）となるような防御のムラ作りをしたことでしょう。

彼らは対外的な力だけでなく、ムラ内でも支配力を一層強め、いつしか揺るぎない地位を獲得していきました。

そうなると、もう勢いは止まりません。近隣のムラを話し合いや、場合によっては争いによって従属させ、従属させた人々から食料や労働を提供させるということもあったでしょう。魏志倭人伝には税金のようなものがあったとも書かれています。

こうしてより大きくて強いムラ、そして巨大な力を求めた支配者たちが各地で生まれ、次第にクニと呼ばれる勢力に発展していきました。

ムラからクニへ

もともとムラのリーダー的存在だった人がムラ内で権力をもち、近隣のムラと連携したり、戦いによって支配したりしていきました。やがて強大な権力を求める支配者が各地に生まれ、集落はムラ→クニへと発展していきました。

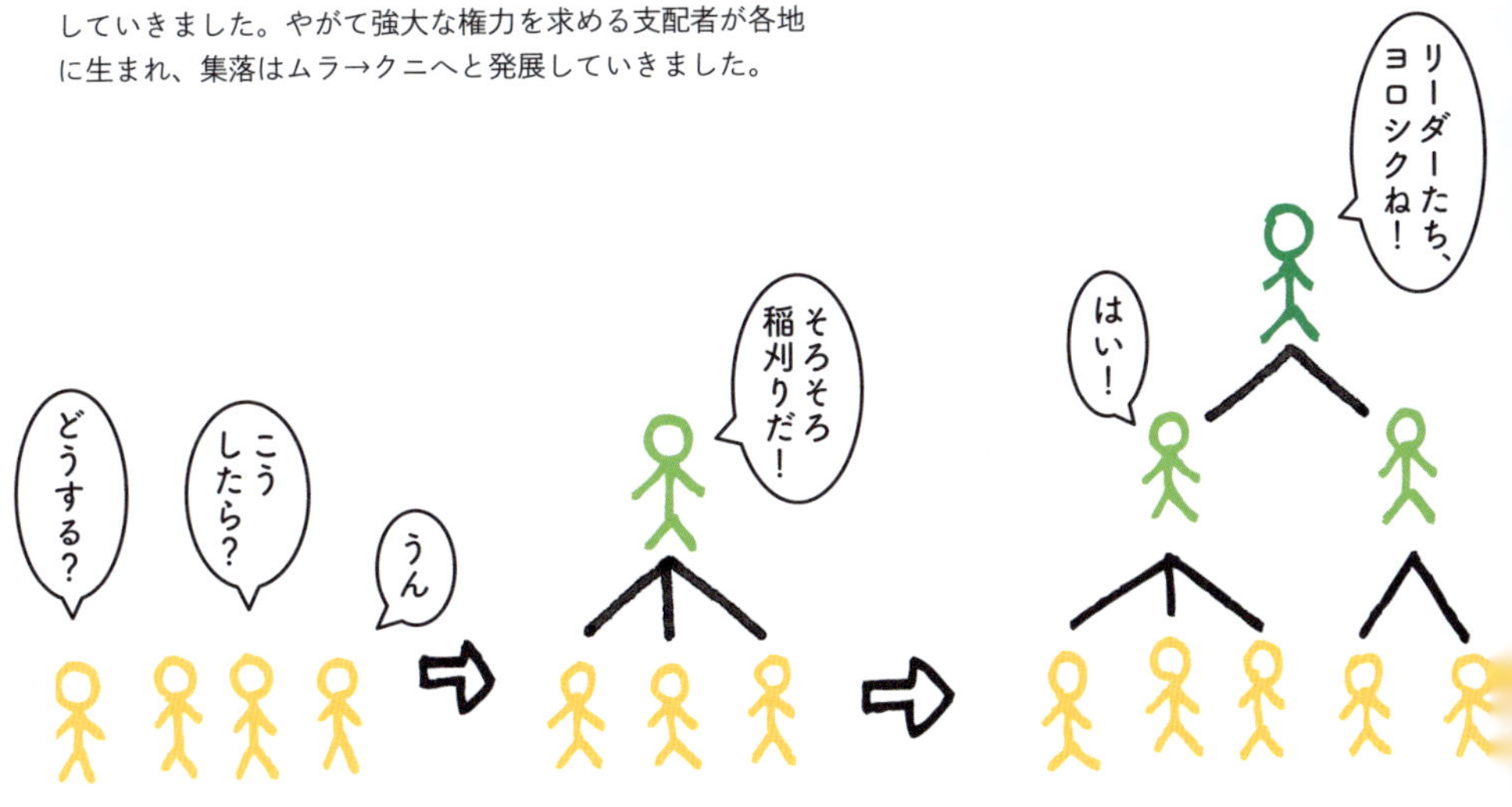

縄文的な暮らし。人々は平等に話し合う。

ムラにリーダーが生まれる。

集落の人口が増え、仕事の役割が分かれる。

column

隣の芝生は青かった!?

縄文時代に比べて、圧倒的に争いの痕跡が多く見つかっている弥生時代。これまで見てきたように、止むに止まれず争いに発展することもあったはずですが、その原因は、そもそも争いの種になることが目に見えて増えたからだとも言えそうです。

例えば、米倉。弥生時代になるとコメは食料という機能だけでなく、富の象徴にもなります。その視点で隣の集落を見ると、同じくらいの規模なのに、自分たちの集落よりも米倉が多い。なんでうちの集落は隣よりも米倉が少ないの？　もっと働いて、もっと頑張って、たくさんのコメが欲しい。他にも、よその集落の首長は、見たことのない装身具を身につけている。大陸のものだろうか？　オレはあれよりも、もっと良いものを身に身につけたい。力を見せつけたい。なんてことを思ったかもしれません。

もちろん人間ですから、縄文人にも欲望や欲求という気持ちはあったはずです。しかし、出土しているものから見ても、弥生時代になると人の欲求を刺激するモノや事柄が圧倒的に増えたように思います。

コメの生産によって計画的な食料確保が可能になり、結果、心に余裕が生まれ、人のことがうらやましくなったり、比較する機会が増えたのかな、などと想像してしまいます。それは今の私たちとちっとも変わらないな、とも思うのです。

これはあくまで、支配する側、つまり集落の首長たちの話ですが、「もっともっと」という気持ちが、強く、そして大きくなっていったのが弥生時代だったのかもしれませんね。

知られざる弥生ライフ

2章

衣食住とお仕事

弥生人の普段着

Q 弥生人は、普段どんな服装をしていたのでしょう？

弥生時代に暮らした一般の人の服装をご紹介しましょう。

3世紀～4世紀、中国で書かれた『魏志倭人伝』（正式名称『魏書』東夷伝倭人条』）には、倭国の人々、つまり弥生人は「貫頭衣《かんとうい》」と呼ばれる服を着ていたと記されています。文字から想像すると、1枚の布を半分に折り、その折り

弥生のカジュアルウエア

春～秋

貫頭衣は、細長い布を2枚用意し、頭を出す部分以外を縦に縫い合わせて着用した衣服と考えられています。

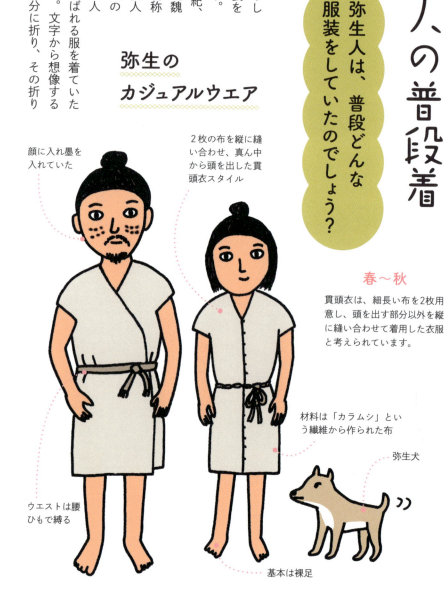

目の部分に穴を開け、そこから頭を出した簡易なものという印象を受けます。

ところが、実際に出土する弥生時代の織り機は長さ30〜40センチくらいの棒状の道具を組み合わせたとても単純な構造で、幅の広い布を織ることはできません。当時、布を織る時には織る人が自分の身体の肩幅に合わせて縦糸と横糸を張り、糸を左右にくぐらせて織っていたのです（↓76ページ参照）。

そのことから「貫頭衣」は、細長い布を2枚用意し、頭を出す部分以外を縦に縫い合わせて着用した衣服だったと考えられています。現在の反物の幅は38センチが標準ですから、その原点は弥生時代の織物にあったのかもしれませんね。

寒いのキライー
寒さの厳しい冬季は、上に布を重ねて暖をとったのかもしれません。
貫頭衣の上に厚地の布や毛皮で重ね着
冬は長袖で裾の長めの服
ウエストは腰ひもで縛る
冬は毛皮や布を縫い合わせて作った靴を履いていた

後期

戦士？

ムラの首長または戦士か？　強さを誇示するための儀式装束なのか？　本当に戦うために使ったものかは不明です。

参考出土品：戦いの道具（戈、盾）／鳥取県青《あお》谷《や》上《かみ》寺《じ》地《ち》遺跡、木の甲／静岡県伊《い》場《ば》遺跡

後期

王（または高貴な人）

王または身分の高い人物、あるいはシャーマンの服装。頭の木櫛や銅製の腕輪、勾玉の首飾り、玉杖など、多くの装飾品を身につけています。

参考出土品：服／佐賀県吉野ヶ里遺跡、木櫛／滋賀県服《はっ》部《とり》遺跡、玉杖／大阪府立弥生文化博物館、銅腕輪／兵庫県田《た》能《のう》遺跡

YAYOIコレクション

さまざまな服装と装飾品

前期

ムラの首長

顔に入れ墨を施し、勾玉の首飾り、貝腕輪などの特別な装飾品を身につけています。後期の首長（?）と比較してみると面白いでしょう。

参考出土品：木櫛／長崎県里田原《さとたばる》遺跡、貝腕輪、首飾り／佐賀県椛島《かばしま》山遺跡、銅か鉄の柄の剣／長崎県里田原遺跡

土器からわかるユニークな風習

Q 弥生時代にも入れ墨のお洒落ってあったんですか？

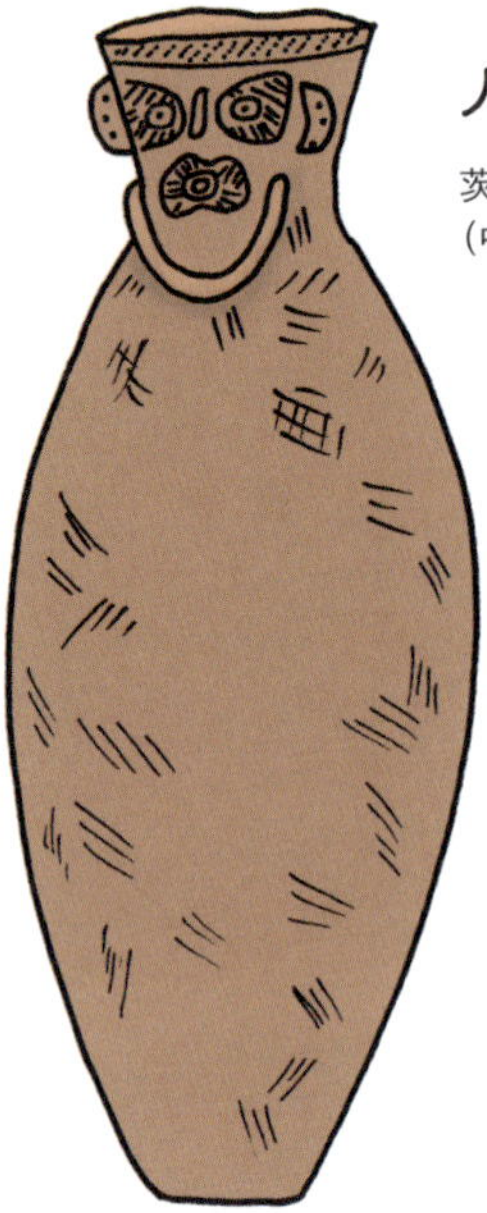

人面付土器

茨城県女方《おざかた》遺跡
（中期）高 69.5㎝

土偶

山口県綾羅木郷《あやらぎごう》遺跡
（前期）高 8.8㎝

『魏志倭人伝』には、「男は大小なく顔や身体に入れ墨をしていた」という記述が残されています。それを物語るように、愛知県亀塚《かめつか》遺跡から出土した弥生土器には、顔中に入れ墨を施した人物が描かれていました（左ページの上図）。

　当時、入れ墨は海に潜る海士《あま》が、魔除けや鮫よけとして入れていたものを起源として、次第にお洒落などの装飾になったと『魏志倭人伝』にも書かれています。

　また、弥生人の中には頭に布を巻いた男性や、髪を結ったり垂らしたりした女性もいたようです。弥生人は裸足で暮らしているという記述も残されていました。

　ただし、『魏志倭人伝』の書き手であ

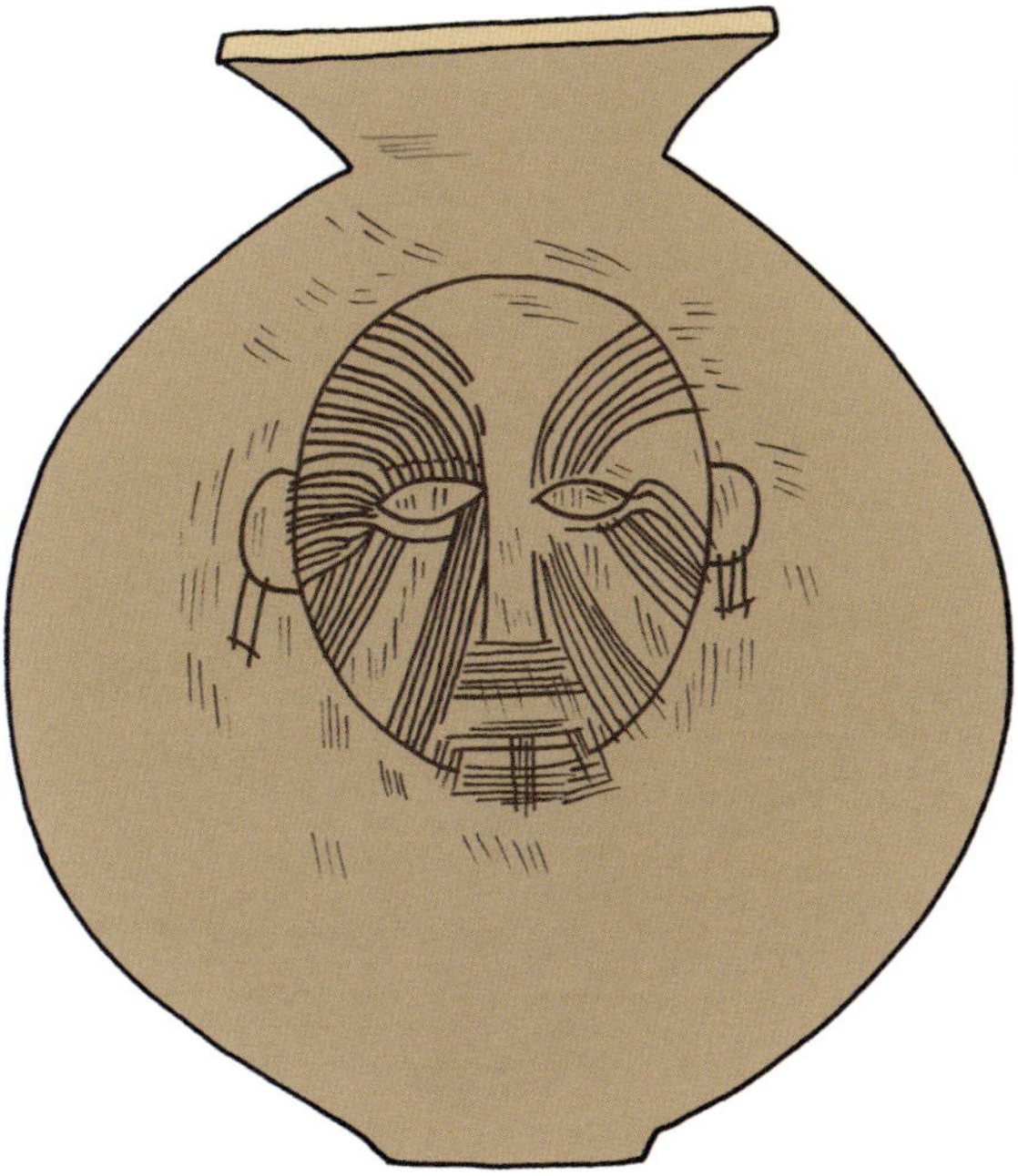

人面文壺形土器

愛知県亀塚遺跡
（後期）高 26.3㎝

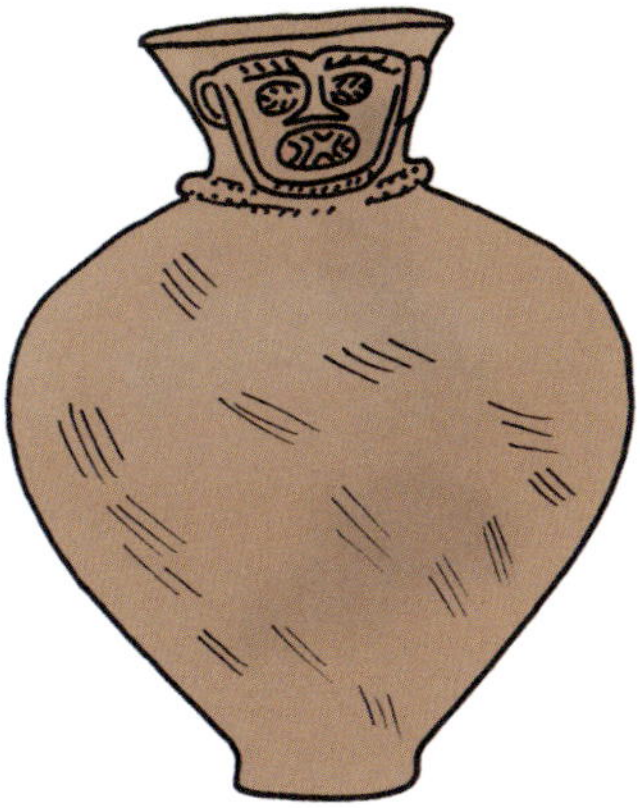

人面付土器

茨城県小野《おの》天神前《てんじんまえ》遺跡
（中期）高 43.5㎝

抜歯の風習

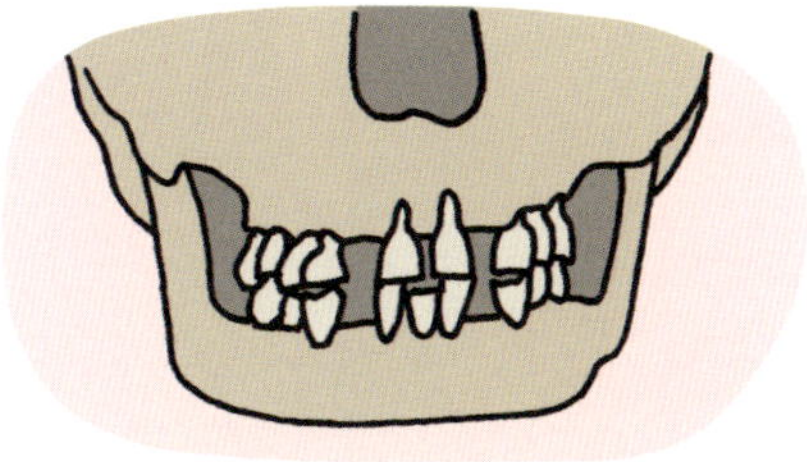

山口県土井ヶ浜遺跡からは、抜歯をした人骨が多く出土しています。抜歯の対象は主に犬歯や切歯で、また男性より女性のほうが高頻度で見られます。

る陳寿《ちんじゅ》は、実際に当時の日本列島を訪れてこれを書いたわけではありません。彼が記したのは、たまたまこのような特徴を持った人たちだったということであり、あくまでも一例と捉えるのがいいでしょう。

column

弥生人に当てはまるわけではありません。すでにお話したように（→18ページ「弥生人の身体測定」）、弥生時代には大陸から渡ってきた渡来人、もともと日本列島に暮らし、弥生文化を受け入れて弥生人になった縄文系弥生人、そして両者が混血して誕生した渡来系弥生人などが暮らしています。ここでお話した弥生人は渡来系弥生人の例であり、他の容姿をした弥生人もいたことでしょう。

弥生人はしょうゆ顔

面長でのっぺりした薄めの顔、いわゆるしょうゆ顔だったと考えられています。

縄文人と弥生人、顔の違い

一般的に、縄文人は目鼻立ちがはっきりして、歯も小さく、顎や頬骨が出ている、どちらかと言えば彫りの深いソース顔。それに対して、弥生人は面長で顎も細く、のっぺりとした凹凸の少ない、あっさりしたしょうゆ顔だったと言われています。

男性の平均身長も、縄文人は158センチに対して、弥生人は163センチと大柄。しかし、これはすべての

縄文人はソース顔

全体的に彫りが深く、いわゆるソース顔だったと考えられています。

弥生人はコメ至上主義？

Q
弥生人は、お米ばっかり食べていたのですか？

弥生時代の最大の特徴は、「水田稲作が始まったこと」と言えます。

それなら弥生人たちは、さぞかしお米をお腹一杯食べていたことだろうと思いがちですが、事実は少し違うようです。

弥生時代になったからと言って、縄文時代の生業である「狩猟・採集・漁《ぎょ》撈《ろう》」を止めたわけではありません。むしろ、この生業をベースに、水田稲作や畑作が行われていたのです。

中には、水田稲作をやりたくても土地の条件が悪く、取り入れることができなかった集落もあったはずです。水田稲作は人手も必要ですから、やりたいと思ってもそう簡単に取り入れられなかったのかもしれません。ですから、縄文時代と同じ食料で命を繋いでいた

稲作、大失敗…

弥生時代は稲作だけでなく、狩猟や漁、木の実などの採集なども行われていました。生き延びるためのリスクヘッジとも言えます。

弥生人もいるのです。

東北最古の水田稲作を行っていた青森県の砂沢《すなざわ》遺跡のように、水田稲作をやってみたものの、うまくいかなかったのか、水田農耕を止めてしまう人たちもいたようですから、時期にもよりますが、弥生人はお米ばかり食べていたということではありませんでした。

弥生時代の気候

弥生時代の前、縄文時代後期と言われるころの日本列島は、徐々に寒冷化していきました。環境の変化は当時の人々の暮らしを大きく変え、彼らは生き延びるために適応せざるを得なかったはずです。弥生時代に突入した後も、日本列島は冷涼な気候が続きました。前9世紀から前8世紀にかけて冷涼な気候のころ、不作の時には奪い合いの戦いがあったかもしれません。同時に外部からの侵入を防ぐため、環濠集落も出現してくるのです。気候の変動と社会は密接に関わりがあり、その分野に関しての研究も進められています。これからが楽しみですね。

グルメな弥生人

Q じゃあ、弥生人はお米以外にどんなものを食べていたのですか？

弥生時代の人々は、四季折々の食料をバランスよく取り入れて暮らしていました。イノシシやシカなどの動物性タンパク質はもちろんのこと、木の実やマメ類など、当時の人々が食べていた残飯が遺跡から見つかっています。

イネと同じようにアワとキビが大陸から持ち込まれて、本格的な畑作が行われていました。雑穀類以外では、モモなどの果物類も近畿や東海地方では早い段階から栽培されていたようです。

今のように機械化されているわけではありませんから、田畑の世話は大変だったことでしょう。しかし、不作や天災など、思うように作物が収穫できない時に備えて、採集・漁撈・狩猟を止めるわけにはいかなかったのです。

旬がわかる食材カレンダー

弥生時代の人々は、四季折々の自然の恵みを食材として、豊かな食生活をしていたと考えられています。

農業　採集　狩猟
漁撈　その他の労働

※数字は生産にかかわる労働量の総体を100％とした場合、それぞれの労働量の割合を示しています。
参考：島根県荒神谷博物館「弥生時代の生業暦」

春
春は稲作や畑作の始まり。イネの田植えやムギ・マメなど穀類の種まきを行いました。

夏
夏は漁撈がメイン。漁ではエビ、ウナギ、タイ、サワラ、スズキなど様々な魚類が獲れました。

冬

冬は狩猟シーズン。シカやイノシシなどの獣肉やカモやハトなどの鳥肉は当時もごちそうだったはず。

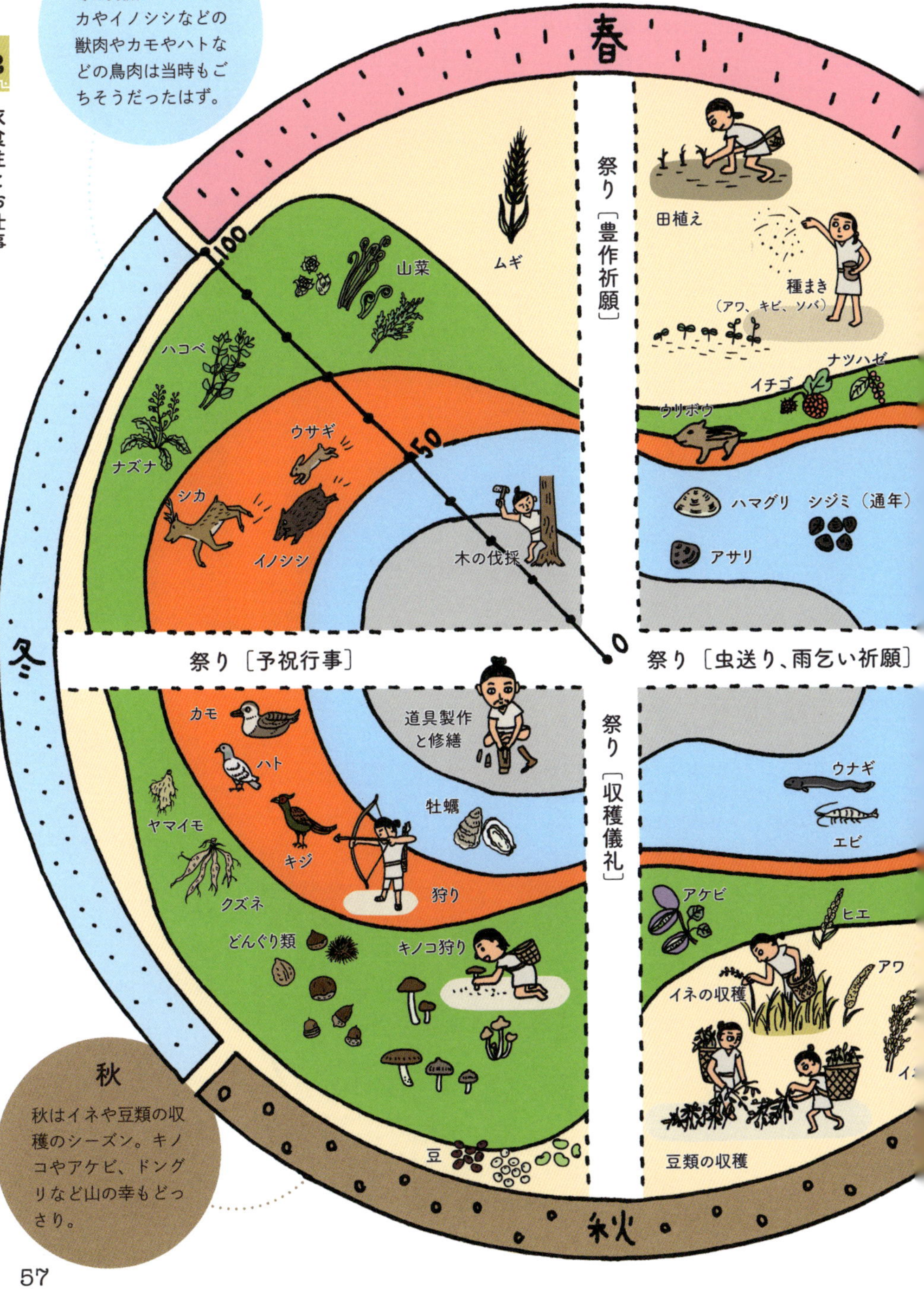

秋

秋はイネや豆類の収穫のシーズン。キノコやアケビ、ドングリなど山の幸もどっさり。

コメの炊き方いろいろ

Q　でも、やっぱり炊きたてのご飯が最高のごちそうですよね？

前項では、弥生人は縄文時代と同じように、肉や魚介、木の実、山菜、果実類など、四季折々の食物をバランスよく食べていたという話をしました。

　とはいえ、弥生時代といえば、やはり気になるのはお米のこと。現代人の多くが食べるお米は精米した白米ですが、健康のために、あるいはよ

炊飯甕、欲しい！

左は弥生時代後期（静岡県登呂遺跡）、右は弥生時代後期の支脚を用いる米炊き甕（福岡県室岡遺跡）。こんな用具を使ってお米を炊いていたようです。

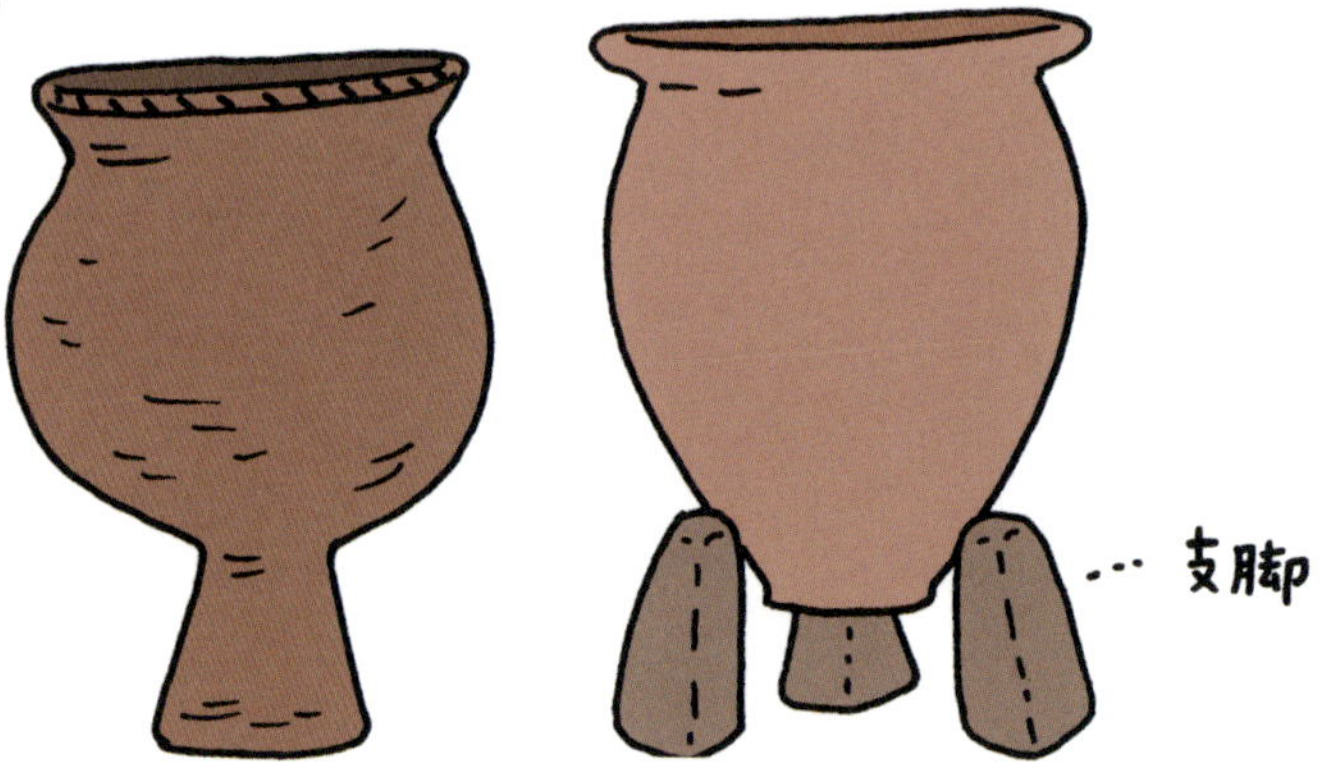

炊き方にもこだわりが

り米の栄養を摂取するために、糠がついたままの玄米で食べる人もいます。玄米はほんのり香ばしくて美味しいですが、同様に弥生人も玄米に近い状態で食べていたと考えられています。

もしかしたら、十分な収穫量がない時期にはお粥にしたり、時には他の雑穀も混ぜて雑炊のようにしてかさましの方法がとられることもあったかもしれません。また、吹きこぼれるまで強火で煮て、芯まで火入れする炊き方をしたり、煮た後に煮汁を取ったりと、さまざまな調理方法で米を食べていたようです。ちなみに、取った煮汁も余すことなく使っていたはずです。

これらは、土器の表面の吹きこぼれの痕やススの付き方を観察したり、土器の内面のコゲを観察することでわかってきた研究成果。ススとコゲの観察で、当時の料理方法が復元されています。

弥生のコメはどんなコメ？

Q 弥生人はどんなお米を食べていたのですか？

好みもありますが、現代人が「美味しい！」と思うコメは、炊いた時にモチっとして、ピカッと艶があるものが良いコメだという人が多いのではないでしょうか。では、弥生時代から、すでにそのようなモチモチのコメだったのでしょうか。

ここに面白い研究があります。南関東の弥生時代に関して弘前大学人文社会学部の研究チームが弥生時代後期の集落である「大場《おおば》富士塚《ふじづか》遺跡（横浜市青葉区）」から見つかった炭化したコメをDNA分析したところ、この品種が褐色皮種の熱帯ジャポニカだと推定されました。熱帯ジャポニカとは、現在の東南アジアで食べられる、今の日本で食べられているコメよりも粘り気が少ない、比較的パラパラとしたコメを指します。このコメをどうやって食べていたかというと、汁気の多いおかずと合わせて食べていたのではないかとのこと。南インドカレーなどをイメージするといいかもしれません。パラっとしたご飯に、汁気の多いカレーやおかずを混ぜ合わせながら食べるスタイルに近いのかも。ただ、事実は分かっていません。

また、昔のコメというと黒米や赤米をイメージする人も多いかと思いますが、こちらも、確かなことはわかりません。

最後に、今までの分析結果から、品種が異なる複数の種類のコメを一緒に栽培することで、悪天候などによる不作のリスクを最小限にとどめるための戦略もなされていたと考えられています。このリスクヘッジ戦略を知ると、弥生人たちのコメに対する並々ならぬ思いを感じずにはいられません。自分たちの生存がかかった大切な食料なのですから、全精力と知恵と経験をかけて栽培し、そして、美味しく食べようとしたのでしょうね。

（参考文献「おにぎりの文化史」監修 横浜市立歴史博物館）

米炊き甕のバリエーション

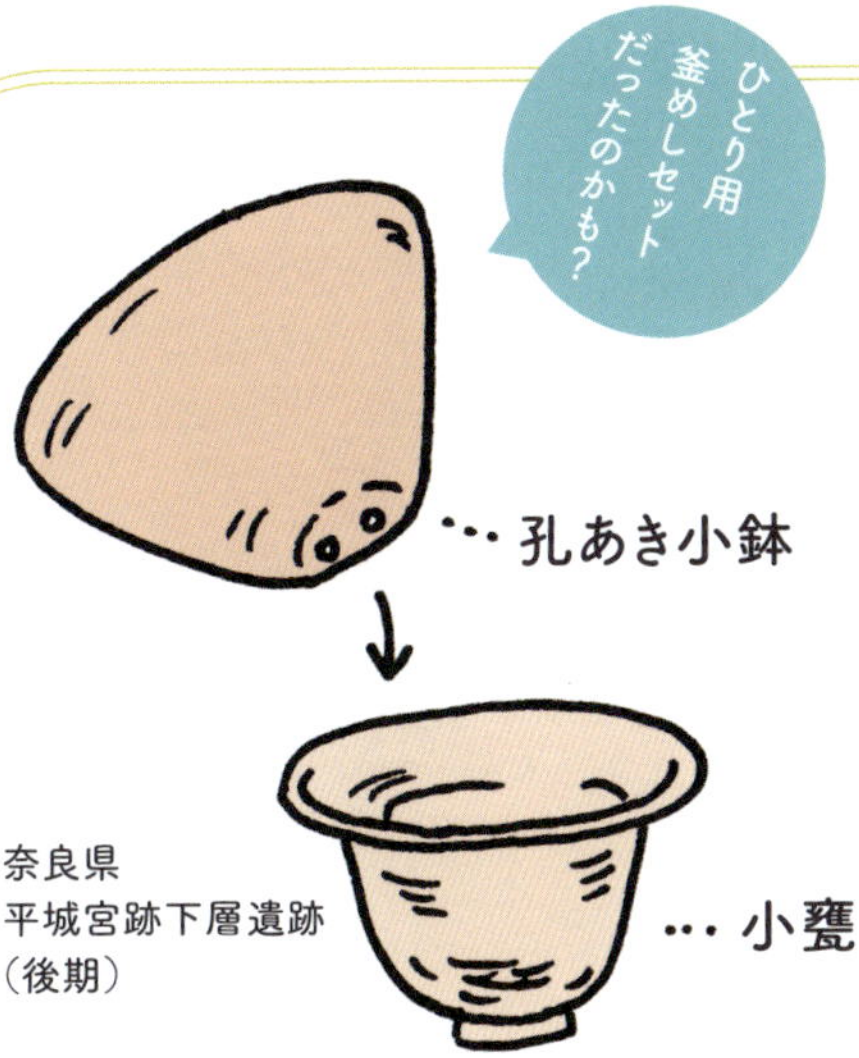

奈良県
平城宮跡下層遺跡
（後期）

珍しい米炊き甕？

ちょっと変わった米炊き甕？　孔《あな》あきの小鉢と小甕を重ね合わせて米を蒸したと考えられたこともありましたが、正確なことはわかっていません。

いろいろな米炊き甕

弥生時代の全期の遺跡から、さまざまな形状・大きさの甕が見つかっています。形から甕（カメ）と呼んでいますが、機能としては今の「深鍋」と同じようなものです。

奈良県
唐古遺跡
（前期）

佐賀県菜畑遺跡
（前期初頭）

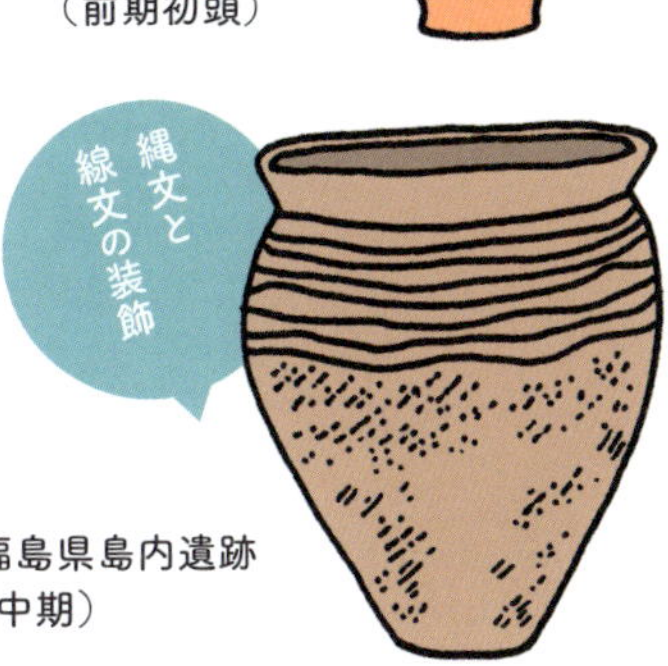

福島県島内遺跡
（中期）

島根県
島根・亀高遺跡
（中期）

住居は円から四角へ

Q 今のような四角い家の形は、弥生時代に始まったのはホント？

弥生時代になると、鉄器の導入によって様々な木材加工ができるようになりました。例えば、竪穴住居。縄文時代から続くこの住居は、弥生時代になると縄文時代のように丸太、もしくは半裁した木材を使うだけでなく、板材も使うようになります。板材には、材を組み合わせるための孔を開けたり、端の部分を斜めに切ったりと、工夫が見られます。

こうして、組み合わせることで比較的自由に建築しやすい木材の登場によ

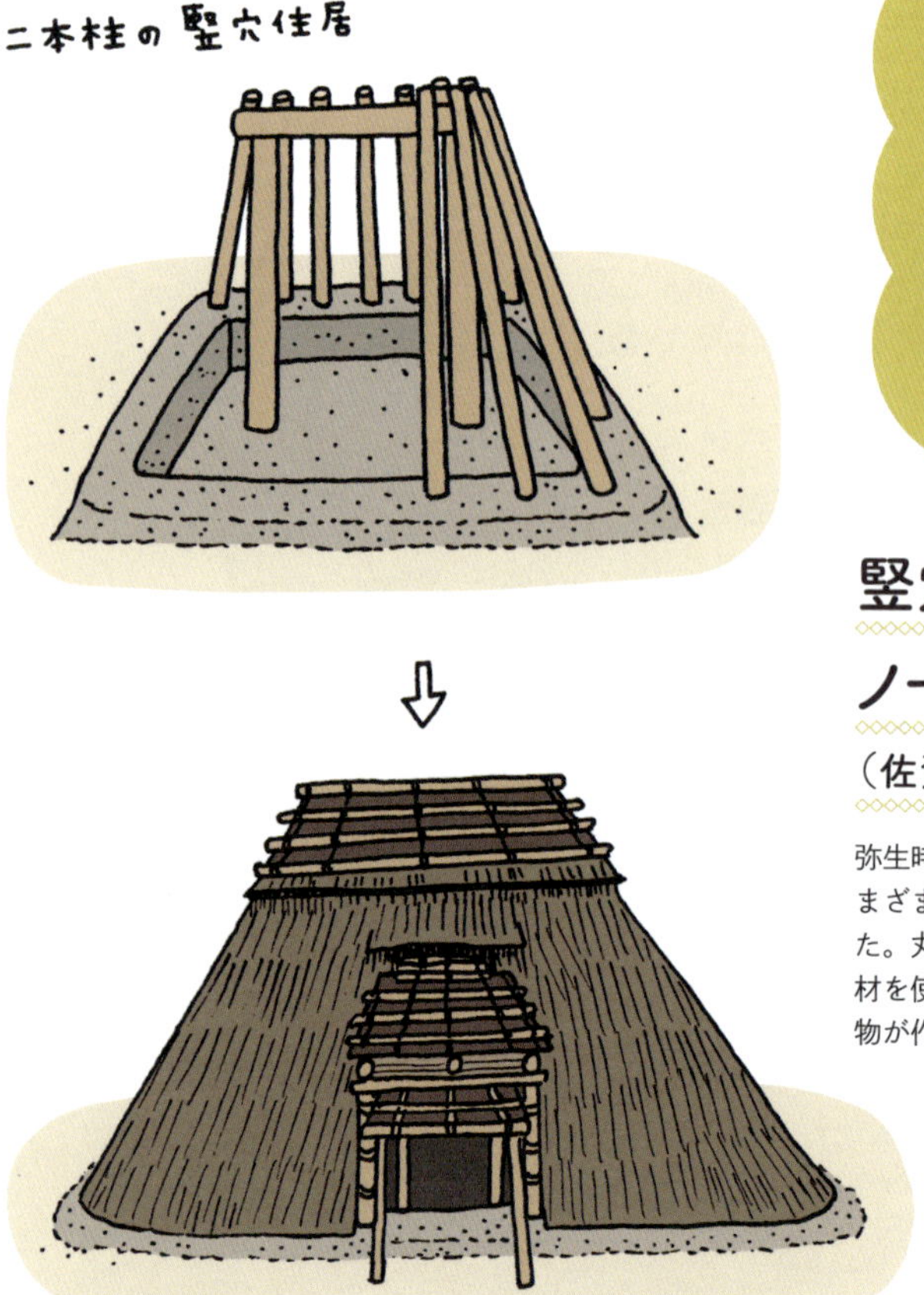

竪穴住居
ノーマルタイプ
（佐賀県吉野ヶ里遺跡）

弥生時代には鉄器の導入により、さまざまな木材加工が可能になりました。丸太だけでなく加工しやすい板材を使うことで、高床倉庫や大型建物が作られたと考えられます。

円形から四角形へ

縄文時代の竪穴住居は、おおむね円形か楕円形。それが弥生時代になると徐々に四角形に変わっていきました。

上から見たところ

縄文式の竪穴住居は、内部に柱を6〜8本ほど円形に立てて作られています。

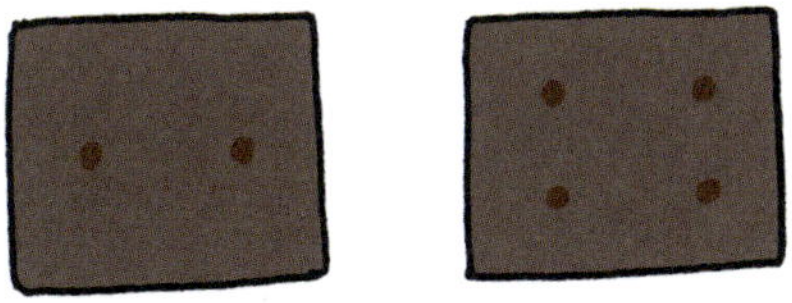

弥生式は床面の形が四角になっていきました。九州北部の竪穴住居は中央に2本の柱を立て、そこに垂木《たるき》を掛けて建てられた家が多く見られます。

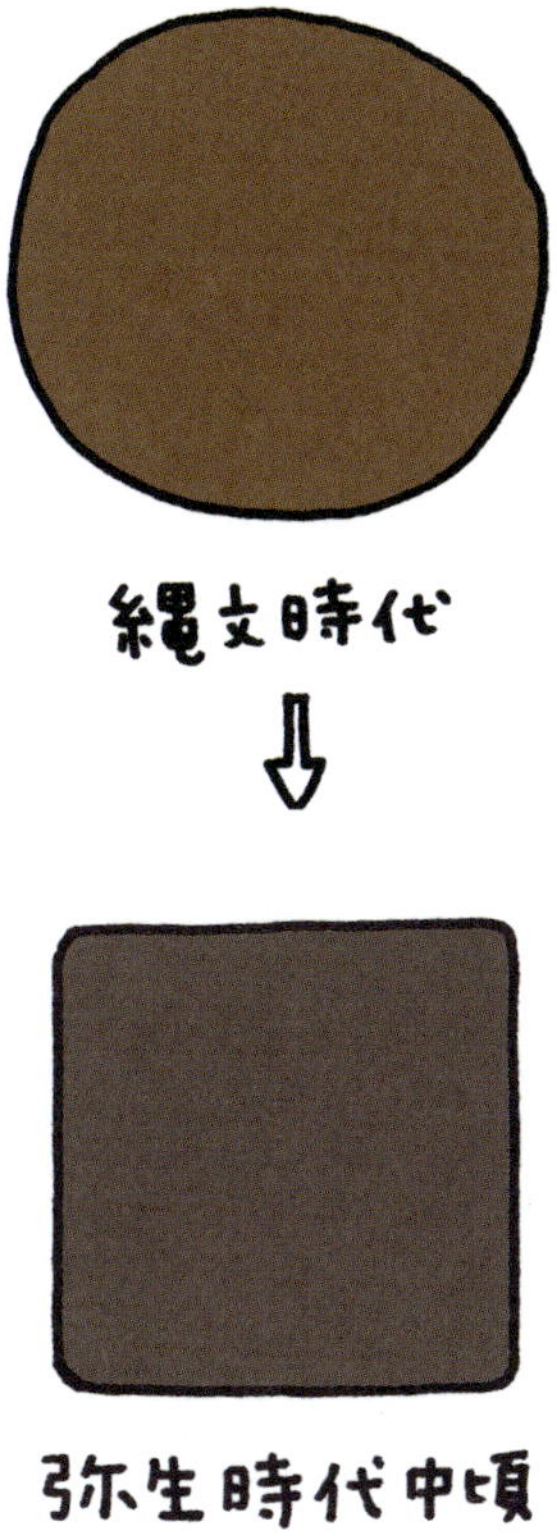

り、高床倉庫や佐賀県吉野ヶ里遺跡で推定復元されているような大型建物が作られたと考えられます。

　また、竪穴住居の形にも変化が見られました。縄文時代はおおむね円形、もしくは楕円形で、住居内に6〜8本ほどの柱を円く立てて作られているのに対し、弥生時代になると地域や時期差はありますが、だんだんと竪穴住居の床面の形が四角になっていくのです。

　縄文時代は環状列石（ストーンサークル）が作られたり、環状集落が作られたりと「環」に強いこだわりが見えましたが、弥生時代になるとそれらの意識は薄らいでいったのかもしれません。四角い形に徐々に変化していったのはなぜだったのか。四角い方が壁際に板材を配置しやすかった、という理由は考えられますが、それ以上に彼らの意識に何らかの変化があったのかもしれませんね。

進化する竪穴住居

（鳥取県妻木晩田遺跡）

鳥取県の妻木晩田遺跡では、家の中に排水路を作り、建物の外に巡らした溝に水が流れるように工夫を凝らした竪穴住居が見つかっています。

九州北部の竪穴住居は住居の中央部分に2本の柱を立て、そこに垂木を掛けて建てられた家が多く見つかっています。中には土を盛り上げて固めた土製のベッドのようなものが作られた家もあったとか。

また、鳥取県の妻《む》木《き》晩《ばん》田《だ》遺跡では、家の中に排水路を作り、建物の外に巡らした溝に水が流れるようなすごい仕組みが施されたものまで見つかっているのです。

想像にはなりますが、建物によっては明かり取りなどの窓を作ったかもしれません。弥生人たちは、それまで以上に暮らしを快適にするために、創意工夫をしながら日々を過ごしていたのでしょう。

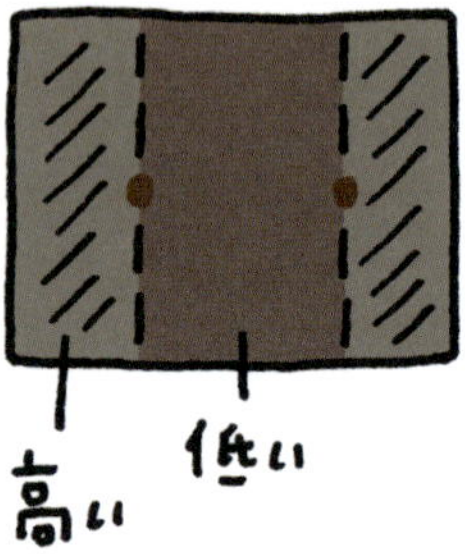

土製のベッド？

この上に動物の毛皮や敷物を敷いて寝ていたのかも？

建物のバリエーション

弥生時代にも縄文時代同様か、またはそれ以上に建物のバリエーションがあったことがわかっています。一般的な竪穴住居の他にも、集会や祀りのために使用された大型建物、高床式の倉庫や物見櫓《ものみやぐら》などが造られたと考えられています。

竪穴住居

集会や祀りのための建物

物見櫓

高床式倉庫

世帯事情あれこれ

Q 弥生人は、家族ごとにひとつの家に住んでいたのですか？

縄文時代には、ひとつの竪穴住居に4人から6人ほどが一緒に暮らしていたと考えられていますが、弥生時代も同様だったようです。

ただし、ひとつの集落内での住居数は増えていきます。というのも、弥生時代の食料事情は縄文時代に比べて良くなり、人口も増加したからです。多い時には、ひとつのムラに千人が暮らしていたとも言われています。

一方、家の中はというと、こちらも縄文時代と同じように、煮炊きするための土器やその他の生活道具と共に、ツルで編んだカゴに土器を入れ、その中に米や保存食を入れて紐でぶら下げていたこともあったとか(吊り棚)。それらはネズミや害虫に食料を食べられないようにする工夫でしょう。

弥生時代の人々は、家族や仲間同士でひとつ屋根の下で暮らし、いっしょに食事をしながら楽しい団らんの時を過ごしていたのかもしれませんね。

ところで、トイレはどこにあったのでしょうか？　家の中には見つかっていないので、もしかしたら共同の場所があったのかもしれません。

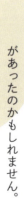

ワンルームだけど楽しいわが家

弥生時代には、ひとつの竪穴住居に４人から６人ほどが一緒に暮らしていたと考えられています。室内には食料を入れた土器や生活用具が置かれ、楽しい団らんの時を過ごしていたのかもしれませんね。

移り変わるお墓のスタイル

Q 亡くなった人は、どんなお墓に埋葬されたのですか？

弥生時代には、さまざまなお墓が作られるようになります。集落の近くに作られた共同の墓地も、時期によって埋葬のされ方が変化しています。

「土壙墓《どこうぼ》」と呼ばれる、地面を掘り下げて作った墓穴に直接埋葬する方法は、弥生時代を通じて広く採用されました。

専用の巨大な甕を作り、別のもので蓋をした、まるでカプセルのような巨大な土器の中に埋葬する「甕棺墓《かめかんぼ》」や、長方形に開けた墓穴に板石を並べて箱形の棺にした「箱式石棺墓《はこしきせっかんぼ》」、木製の「木《もっ》

バリエーション豊富なお墓のスタイル

弥生時代には、時期や地域などによってさまざまなバリエーションのお墓がつくられました。

土壙墓（佐賀県吉野ヶ里遺跡）

地面に小規模な穴を掘り、遺体を棺に入れず、直接埋葬するもの。弥生時代の最も一般的な埋葬方法で、足を曲げた「屈葬」が主流です。（写真提供：佐賀県）

木棺墓

（大坂府安満《あま》遺跡）

長方形に掘った穴の中に、遺体を入れた木製の棺を埋葬したお墓。弥生時代を通して各地で見られた埋葬方法です。（写真提供：高槻市教育委員会）

箱式石棺墓

（山口県土井ヶ浜遺跡）

長方形に掘った穴の周囲を板状の石をで囲い、その中に遺体を入れました。これも弥生時代を通して各地で見られた埋葬方法で、特に九州北部から近畿地方で多く見られます。（写真提供：山口県土井ヶ浜遺跡・人類学ミュージアム）

棺墓《かんぼ》」などがあります。地域による大きな違いとしては、弥生前期の九州北部では数個の石を支えにして、その上に大きな石を蓋のように載せた「支石墓」や前述の「甕棺墓」が多く作られました。対して、東日本では、一旦埋葬した人骨を取り出し、再び埋葬し直す「再葬墓《さいそうぼ》」が多かったようです。

　また、弥生時代のお墓の大きな特徴として、土を盛ったり周囲に溝を巡らしたりして区画を示すお墓が出現します。それらは「方形周溝墓《ほうけいしゅうこうぼ》」と呼ばれます。特別に大きなものは「墳丘墓《ふんきゅうぼ》」などと呼ばれ、この後に登場する古墳につながっていくものもあります。

　これらのさまざまなお墓は、大陸の影響を受けたものや、縄文時代から変わらないものもあります。お墓を見るだけでも、そのお墓を作った人々がどのような人たちだったのかを知る手かがりになりそうです。

支石墓
（長崎県里《さと》田《た》原《ばる》遺跡）

穴を掘って棺に入れた遺体を埋め、その上に大型の石を積んだお墓。よく見ると、大型の石の両端を小型の石で支えていて、下側に空間があります。九州地方に多く見られます。
（写真提供：長崎県平戸市文化観光商工部文化交流課）

方形周溝墓
（埼玉県鍛冶《かじ》谷《や》・新田口《しんでんぐち》遺跡）

低く土を盛った墳丘の周囲に溝を掘り、その中央に穴を掘って遺体を埋葬しました。弥生時代前期に作られ始め、中期以降に多く見られます。
（写真提供：埼玉県立さきたま史跡の博物館）

甕棺墓
（福岡県金隈《かねのくま》遺跡）

穴を掘り、遺体を入れた甕棺を埋葬するお墓です。九州北部に多く見られ、中には豪華な副葬品とともに埋葬されたものもあります。
（写真提供：福岡市教育委員会）

墳丘墓
（佐賀県吉野ヶ里遺跡）

遺体を埋め、高く盛り土をしたお墓。首長の権力を示す目的で造られたとも考えられています。
（写真提供：佐賀県）

四《よ》隅《すみ》突《とっ》出《しゅつ》型《がた》墳《ふん》丘《きゅう》墓《ぼ》
（鳥取県妻木晩田遺跡）

文字通り、長方形の四隅が飛び出した形をしたさまざまな大きさの墳丘墓。弥生時代中期以降、山陰地方東部から北陸地方にかけて多く見られます。
（写真提供：鳥取県米子市経済部文化観光局文化振興課）

弥生のイチオシ便利グッズ【農耕編】

Q 弥生時代には、どんな便利グッズがあったんですか？

弥生時代になると、生活に関するさまざまな道具が登場します。稲作に関する道具はもちろん、「そんなものまで使ってたの？」と思うような道具まで。そこにあるのは、「少しでも暮らしを便利に」「作業を楽に」という弥生人たちの思いの結晶だったのではないでしょうか。

そんな便利グッズの数々をご紹介いたします。

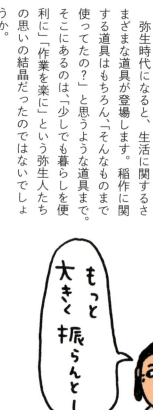

水田稲作

ひと口に稲作と言っても試行錯誤の連続だったはずです。土地を平坦にならして水田を作ることから始まり、土を耕してやわらかくしたり、畦を盛ったり、水の管理をしたり、苗が虫にやられないように気を配ったり、成長する時期には雑草を抜いたりと、やることは山のようにあったはずです。

木製の鋤《すき》や鍬《くわ》

形や使い方は今の鍬と変わりません。弥生時代後期になると刃先だけ鉄の刃先が取り付けられるようになりました。

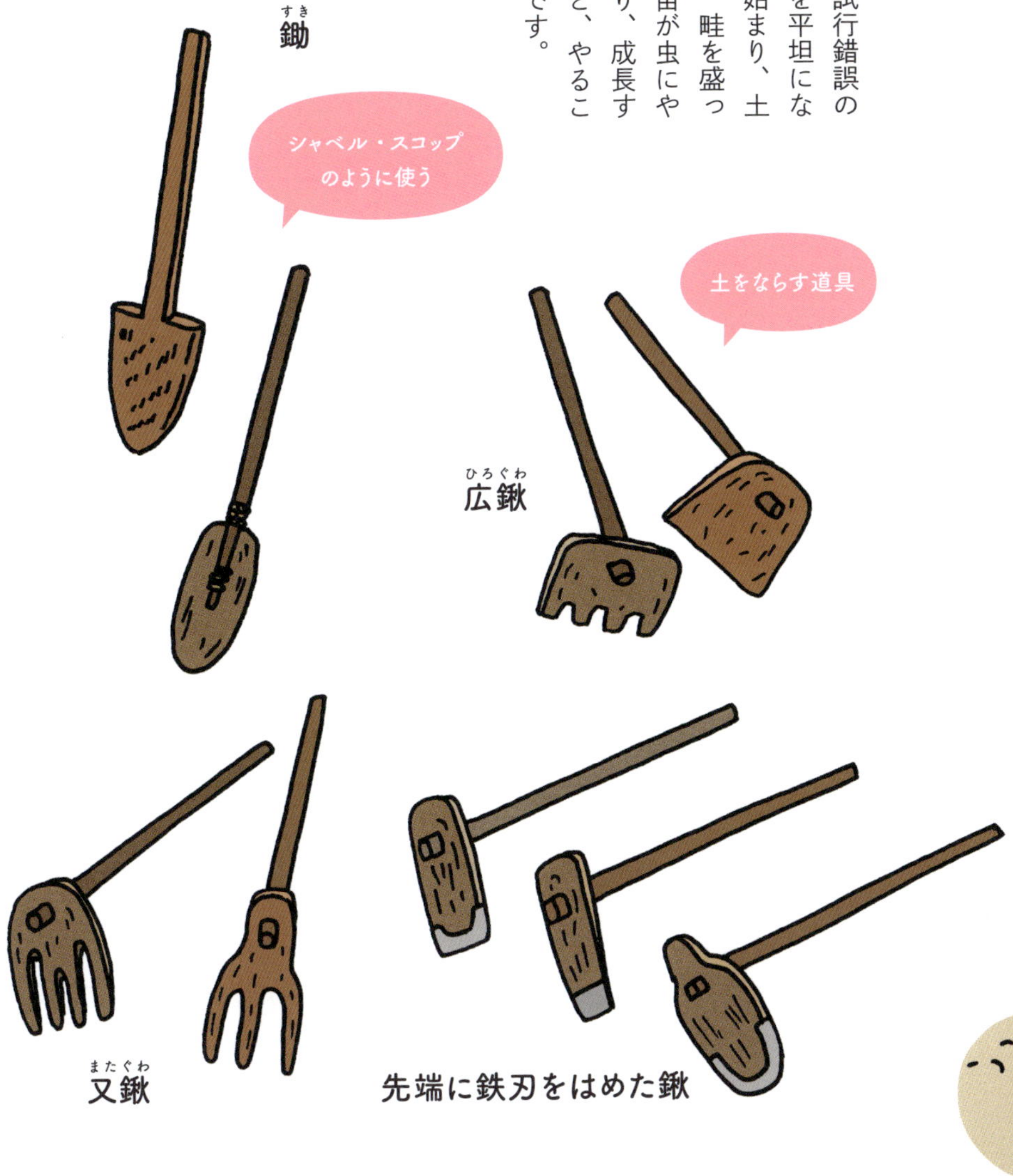

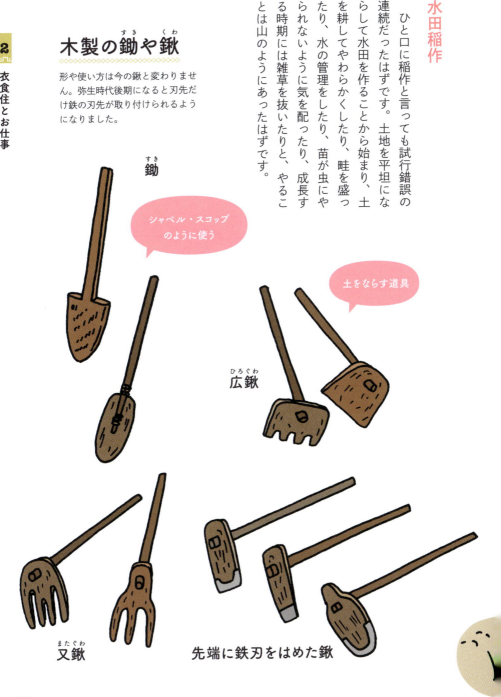

イネが成長してコメが実ると収穫です。収穫と言っても、今のように全ての稲穂が一斉に大きくはなりません。穂によって成長はまちまちですから、石包丁《いしぼうちょう》と言われる道具で、実った稲穂だけを摘み取っていきます。その後、籾殻が付いた状態で乾燥させた米を高床式倉庫などで備蓄し、状況に合わせて杵と臼を使って脱穀・籾《もみ》すりして食べる、という流れで暮らしが回っていたことでしょう。

また、穂先を刈り取った後は、根の部分を刈り取らなければなりません。そのために木製、石製、鉄製の鎌が作られました。鉄製の鎌が登場するのは弥生時代の終わり頃と考えられます。

ここでご紹介した農具の多くは、現在でも素材を変えて存在しています。そんな観点から弥生時代の農具を観察してみるのも面白いかもしれません。

さまざまな石包丁

実りの具合を見ながら穂先を刈り取るための道具で、初めは石で作られました。それが後に、木製や貝製の包丁も使われるようになります。北九州の遠賀川流域では石包丁を多く作るムラがあり、そこから周辺地域に石包丁が出回っていたと考えられています。

石包丁の使い方

石包丁に2つの孔を開けて紐を通し、それを指に引っかけてイネなどの穂先を刈り取っていました。

脱穀する

木製の杵と臼を使ってコメを脱穀していました。

田下駄

稲刈りなどの際に湿田にはまらないように、また田植えで泥湿地に足が沈み込まないようにするための履物。平たい板に3〜4カ所の穴を開け、そこへ縄を通して足に縛って履きました。地域によっては20世紀に入ってからも使われていた農具です。

珍しい鍬いろいろ

鍬は用途に応じてさまざまな形状のものが見つかっています。

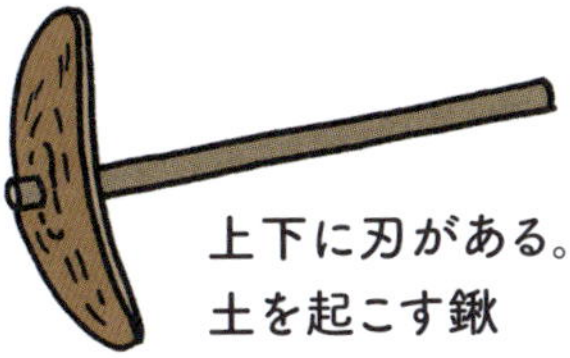
上下に刃がある。
土を起こす鍬

泥除けが付いた鍬

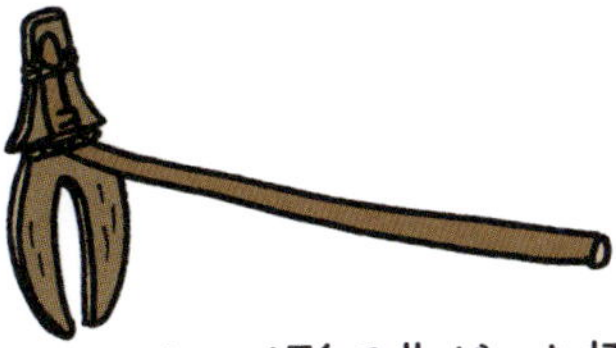
ナスビ形で曲がった柄の鍬

銅鐸に描かれた農作業の様子

銅鐸の絵にも登場する弥生時代の脱穀風景。ふたりの人物が杵と臼を使って脱穀するのですが、昭和初期までこのような方法で脱穀していた地方もあったようです。

弥生のイチオシ便利グッズ［織物編］

Q 布はどうやって作っていたの？

織物

弥生時代には機織りが行われています。布を織るのは女性が多かったかもしれません。大麻やカラムシなどの植物繊維を蒸して、叩いて、水にさらしてと、柔らかくするために何度もこの作業を繰り返しました。この作業は非常に大変なため、集落の中で年間計画を立てて執り行っていたと思われます。糸を撚《よ》るための紡錘車も見つかっています。土、石、骨、金属、木製と時代と地域によってさまざまな種類がありました。ほかに糸を巻き取る道具や織機の部分が見つかっています。

機織り機

織り機は単純な構造で、幅の広い布を織ることはできず、自分の身体の肩幅に合わせて縦糸と横糸を張り、糸を左右にくぐらせて織っていたのです。

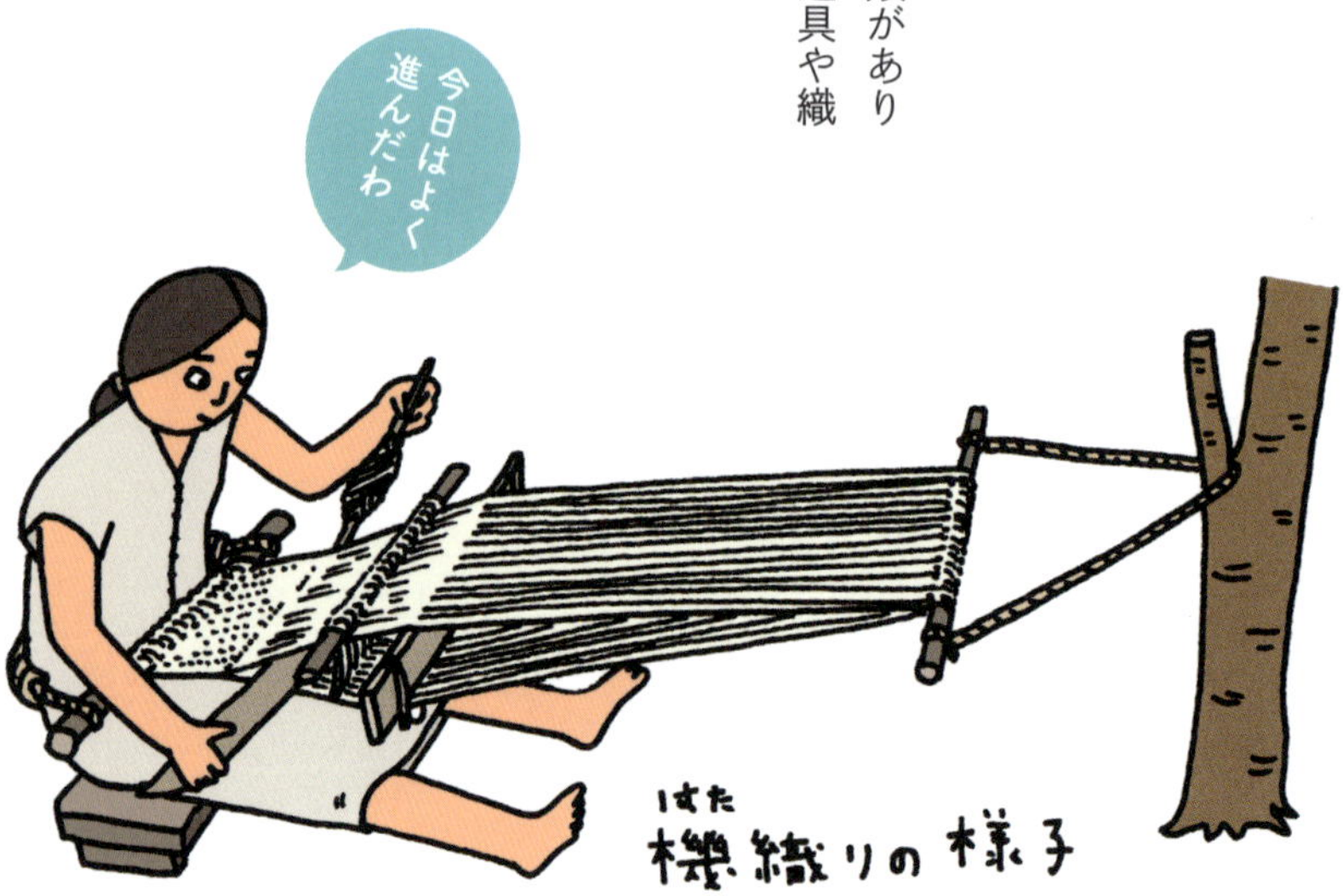

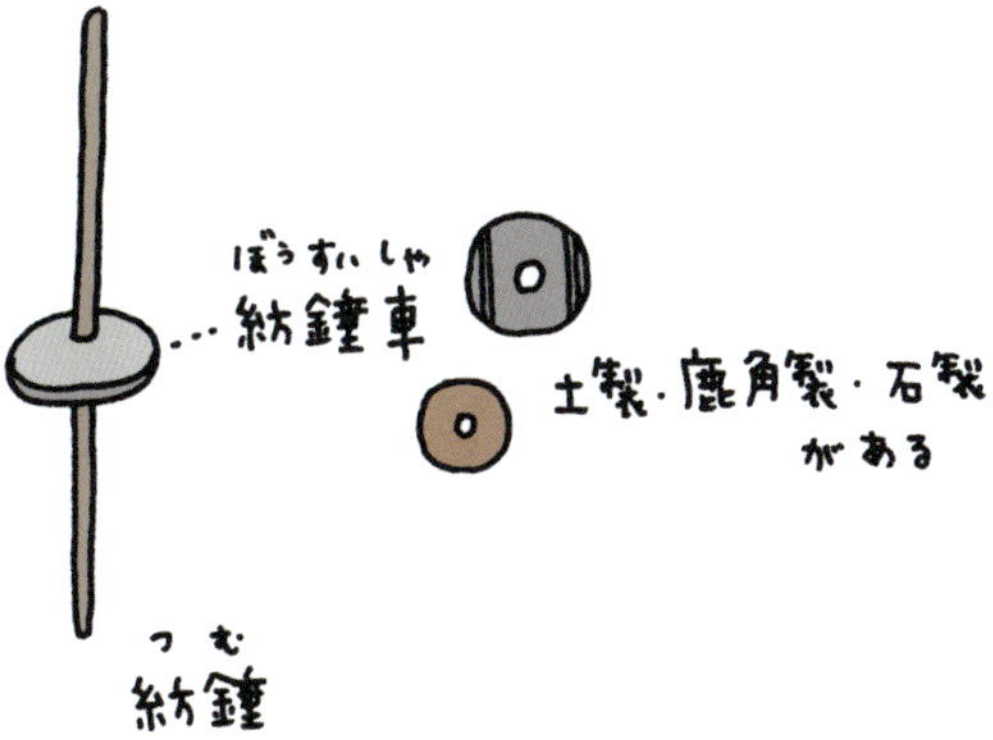

糸を紡ぐ道具

紡錘車《ぼうすいしゃ》は適度な強さと均一的な太さにするために撚りをかけながら糸にする道具。紡《つ》輪《む》と紡茎《ぼうけい》でできています。紡輪の中には模様がついているものもあり、なかなかこだわりがあったようです。

布の素材は大麻やカラムシ

布地の主な素材は大麻やカラムシ（繊維をとるために栽培されるイラクサ科の植物）で、カラムシから繊維をとり、１着作るまでにはおよそ60日かかったと考えられています。中には絹で作られたものありました。大陸からもたらされた絹もありますが、国内産の絹も見つかっています。当時から養蚕があったとは驚きです。ちなみに身分の高い人は、織り上げた布を茜や貝で染色したものを着ていたこともあったようです。

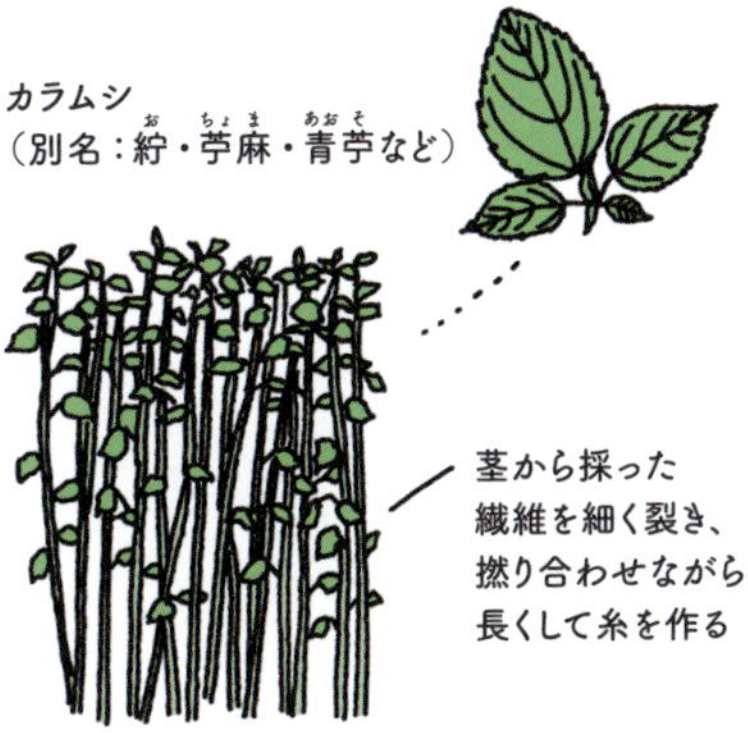

［布糸の材料］
草皮繊維（カラムシ・大麻）
樹皮繊維（カジノキ・コウゾ）
その他（絹）

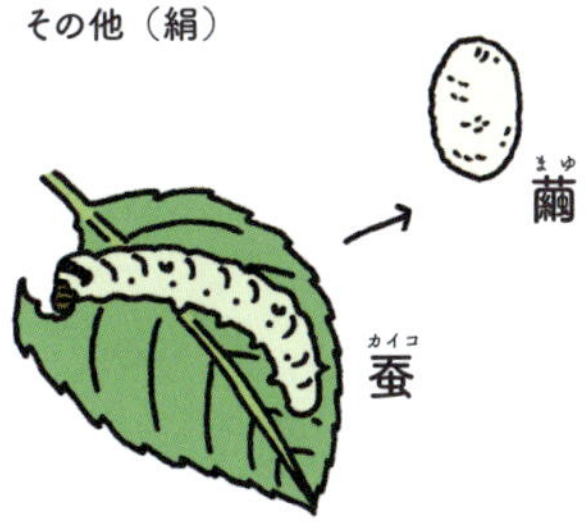

弥生のイチオシ便利グッズ［技能編］

Q 他にどんな便利グッズがあったんですか？

漁師

縄文時代の遺物の中にも骨角器の釣針や銛《もり》などが見つかっていますが、弥生時代になると面白い漁具が見つかります。イイダコ壺です。その他、アワビオコシと思われる道具も増加します。ここまで具体的に、何を獲るための道具であるか判明しているのは珍しいかもしれません。不思議なのは、なぜそこまでイイダコ獲りに夢中になったのか、また、アワビ専用の道具が増える

イイダコ壺

高さ10センチほどのコップ形の土製品です。現在もこのような感じの壺を海に入れ、2、3日後に海から引き揚げるのですが、きっと弥生時代も同じような方法だったのではないでしょうか。

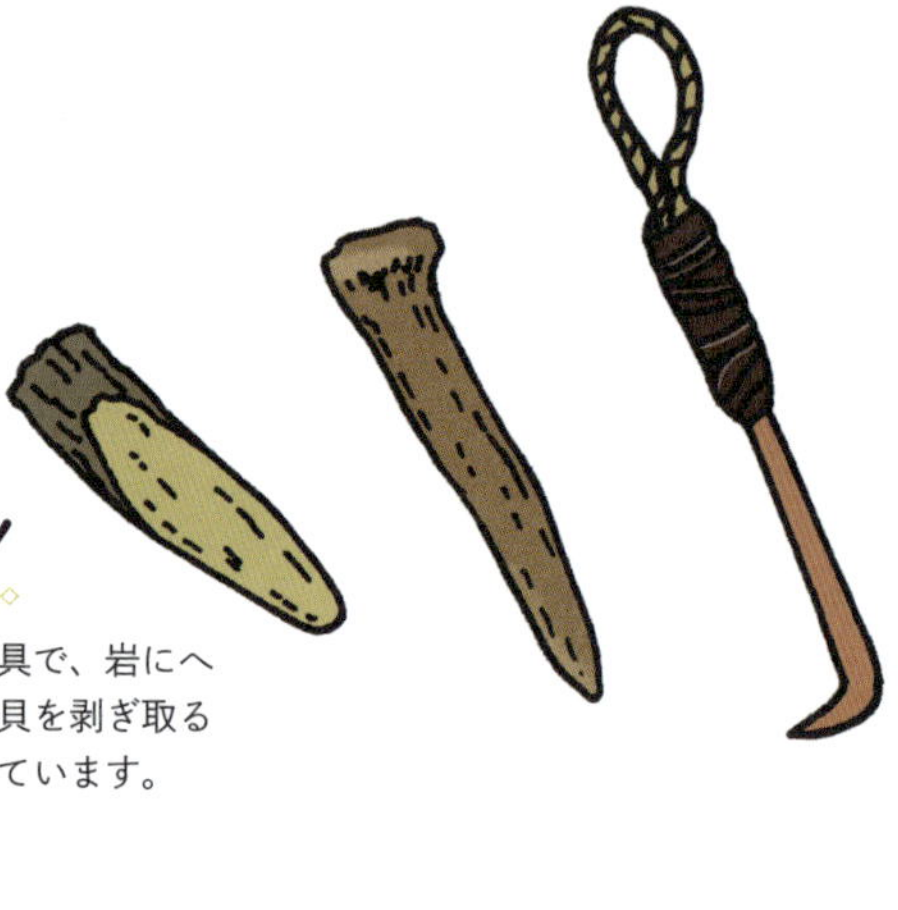

アワビオコシ

鉄や骨でヘラ状にした道具で、岩にへばりついたアワビなどの貝を剥ぎ取るための道具だと考えられています。

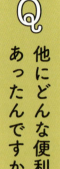

ほどアワビが好きだったのかということです。弥生人の味覚にあったのでしょうか。どちらも縄文時代でも食べられていたものでしょうし、なんだか面白いなと思う道具です。

石斧

石斧には「太型蛤刃石斧」と呼ばれる両刃のものと、「柱状片刃石斧」「扁平片刃石斧」と呼ばれる片刃の石器が主。太型蛤刃の石斧は平均的な重さが600〜800グラムほどあり、その重量をうまく利用して木を切り倒すために使われました。片刃の斧は、最後の仕上げや加工用に使われていたと考えられています。

横槌

ワラなどを叩く時に使用されました。

大工

職業として存在したとは思えませんが、今で言う大工道具が見つかっています。多くが鉄や石でできた工具です。その斧を使って木を伐採し、板材を作ります。表面はヤリガンナなどで整えられます。穴を開けたり、仕上げもしました。このように、木材を丸太のままではなく、板材にすることができるようになったことで、弥生時代の建物は大きく変化したと言われています。高床倉庫ができたのも、こうした技術のおかげでしょう。

石製鋳型

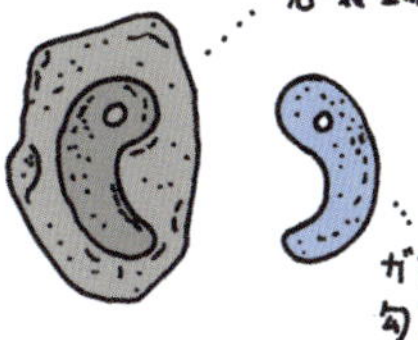

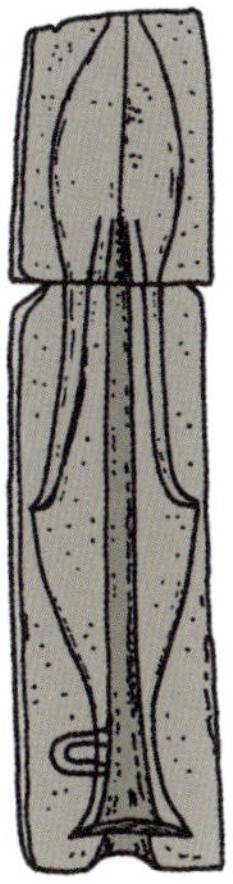

広形銅矛の石製鋳型

青銅器作り

弥生時代中期の初め頃になると、国内で青銅製品が作られるようになります。至る所で作られた、ということではなく、国内でも限られた場所に工房があったようです。鋳型や炉に風を送り込む送風管、鋳造した時に出る滓などから工房跡の存在がわかります。では、どんな人がその仕事についていたかというと、例えば熊本市の八ノ坪遺跡で見つかった土器のセットから朝鮮半島南部で青銅器製作に関わっていた人々が移住し、弥生人と一緒に工房で働いていたと考えられるのです。

column

米作りをやめた人々

弥生時代と言えば、水田稲作が日本列島に拡がった時代として私たちは理解してきました。ところが、多くの発掘調査が行われる中で、そうとも言い切れない事例が見つかるようになっています。例えば、青森県田舎館村《いなかだてむら》の垂柳《たれやなぎ》遺跡に暮らした人々は、およそ300年間続けた水田稲作を、大洪水によって田んぼが水没したことを契機にやめてしまいます。その後はまた、狩猟採集文化が津軽海峡を渡ってこの地で再び復活するのです。

やめた理由として、研究者の藤尾慎一郎さんは『弥生時代の歴史』の中で、水田稲作を行う目的が違ったのではないかと記しています。つまり、環濠集落を作り人々を統治しようとする社会にとって、水田稲作は食料確保と共に、社会を維持するためのシステムとして必要だったのではないかというのです。

銅鐸を使い、縄文時代とはまったく違う祭りをするためには、水田稲作をやめるわけにはいかなった。対して、垂柳遺跡の人々は縄文文化以来の道具や土偶を使って暮らしながら、水田稲作もする。つまり、社会システムを根本的に変えることなく、食料選択を増やす一環として水田稲作をしていたのではないかと考えられるようです。そうであれば、洪水によって水没した田んぼをあっさり捨て去り、違う場所で水田稲作を継続し続ける西日本の人々とはまったく違う理屈によって、稲作に従事していたことになります。

そう考えれば、弥生人がどうしてあんなにも米にこだわったのかがわかるような気がします。水田稲作には、民衆を統治支配しようとする人の思惑も絡み合い、食料確保以上の意味を持って社会に根付いたのかもしれません。

知られざる弥生ライフ

3章

弥生時代の祭祀

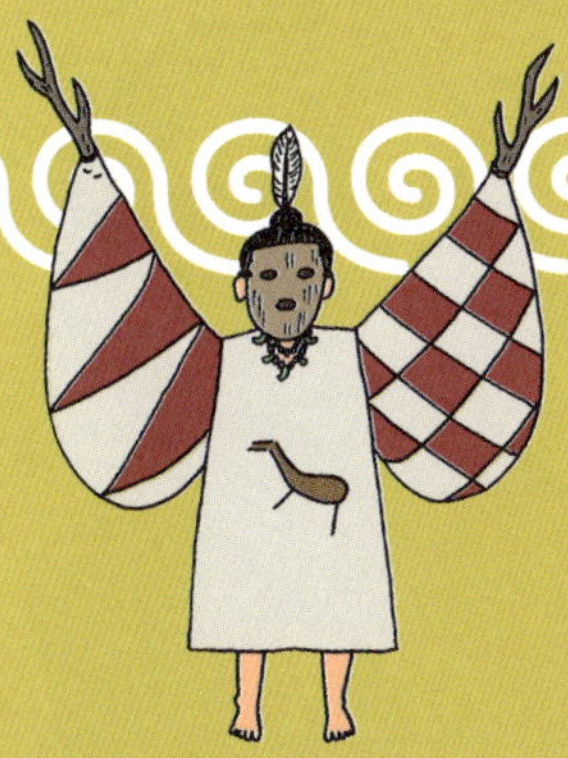

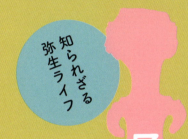

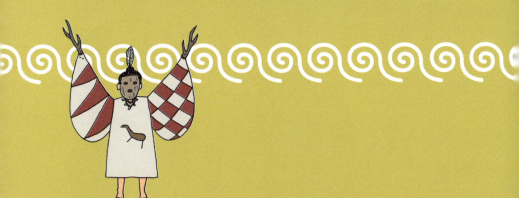

弥生人の祈り

Q 弥生人も祈祷や宗教儀式をしていたのですか？

祈りのイメージが強い縄文時代に対して、弥生時代はどうだったのでしょうか。もちろん、弥生時代の人々もさまざまな道具を使い、祈りの儀礼を行っていたと考えられています。

今でも、春の田植えの前には米作りがうまくいくように祭り（春祭り）をし、秋になって稲の刈り取りが終われば、収穫を感謝する祭り（秋祭り）をします。これらは日本各地で習わしになっていて、現在の春と秋のお祭りの始まりは、水田稲作が導入された弥生時代にありました。

縄文時代と少し違うのは、祈りを捧げる対象が増えたということです。縄文時代は自然界から得られる恵みに頼っていたため、そこに存在する目に見えない存在（超自然的存在）にさまざまなことを祈ったと考えられます。

一方、弥生時代は、超自然的存在以外に、祖霊といわれる広い意味での先祖の霊にも祈ったと考えられています。日照りの時には雨乞いをし、逆に

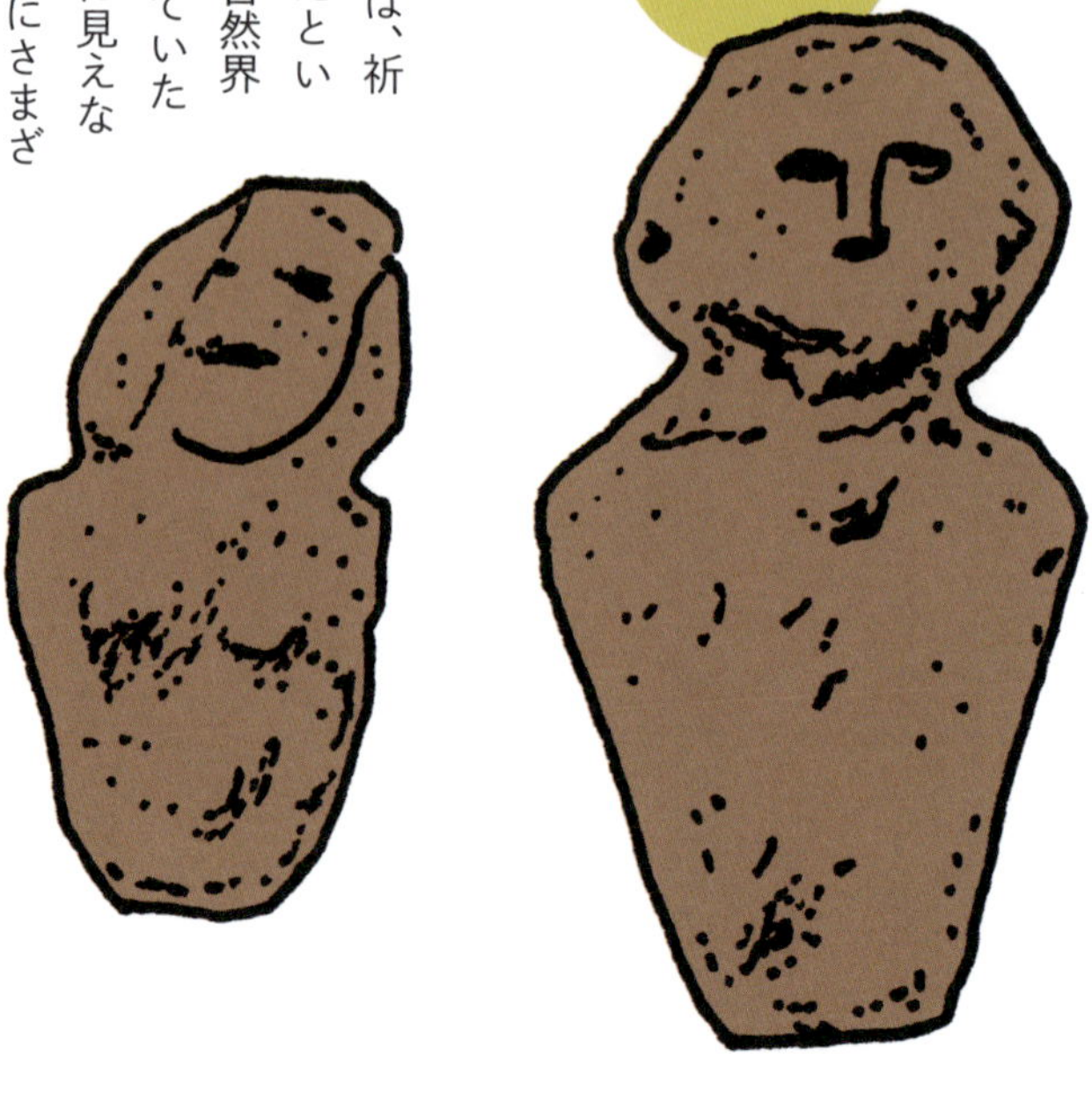

岩偶《がんぐう》

軽石製岩偶：弥生時代前期／高 36.4㎝（右）（鹿児島県山ノ口遺跡）

鳥形の木製品

鳥は祖霊や稲の精霊を連れてくると信じられていました。鳥の下には木製の棒が差し込まれ立てられていて、背中には羽が付いていたと推測されます。
鳥形木製品：弥生時代中期（大阪府池上曽根遺跡）

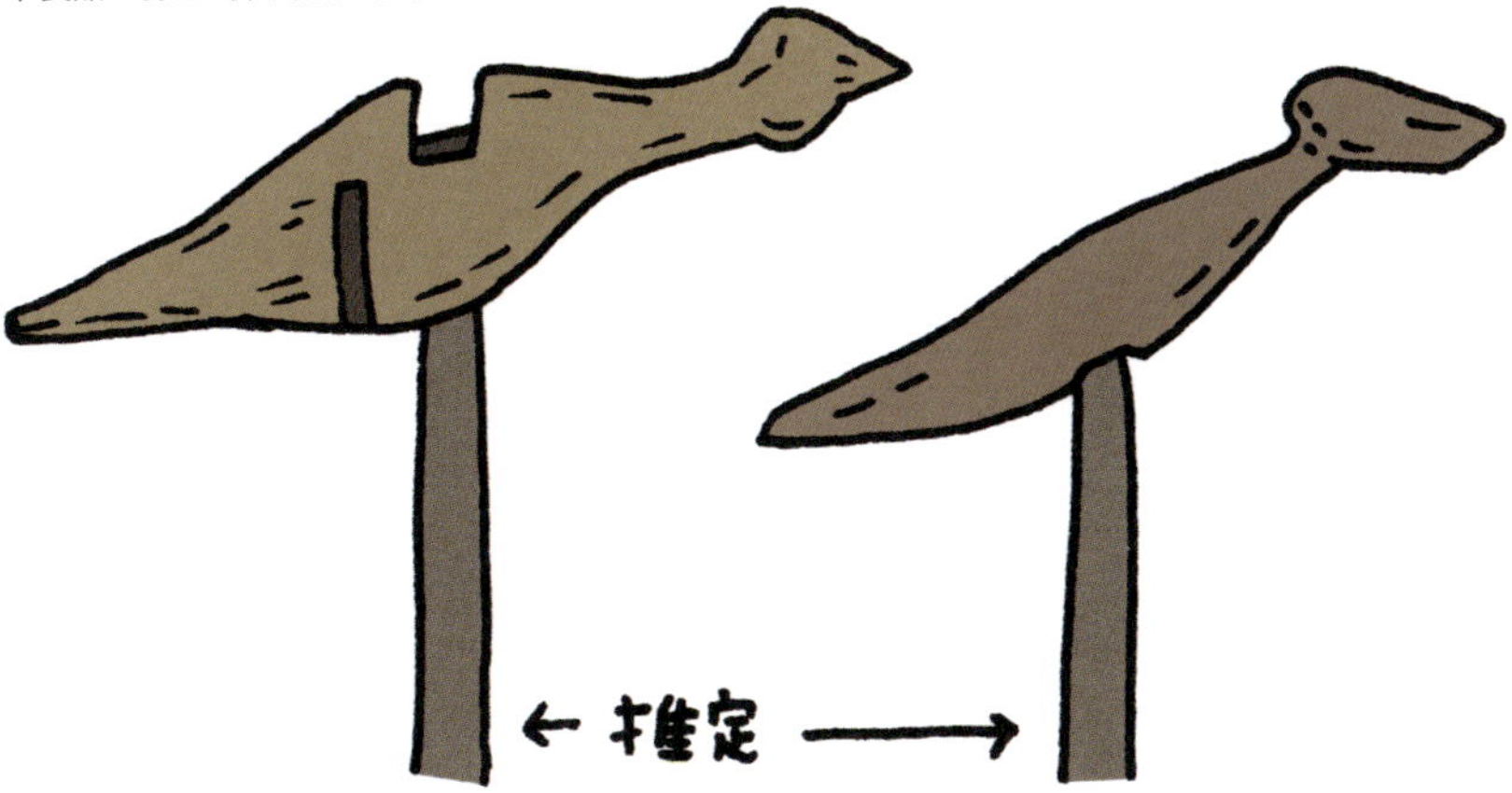

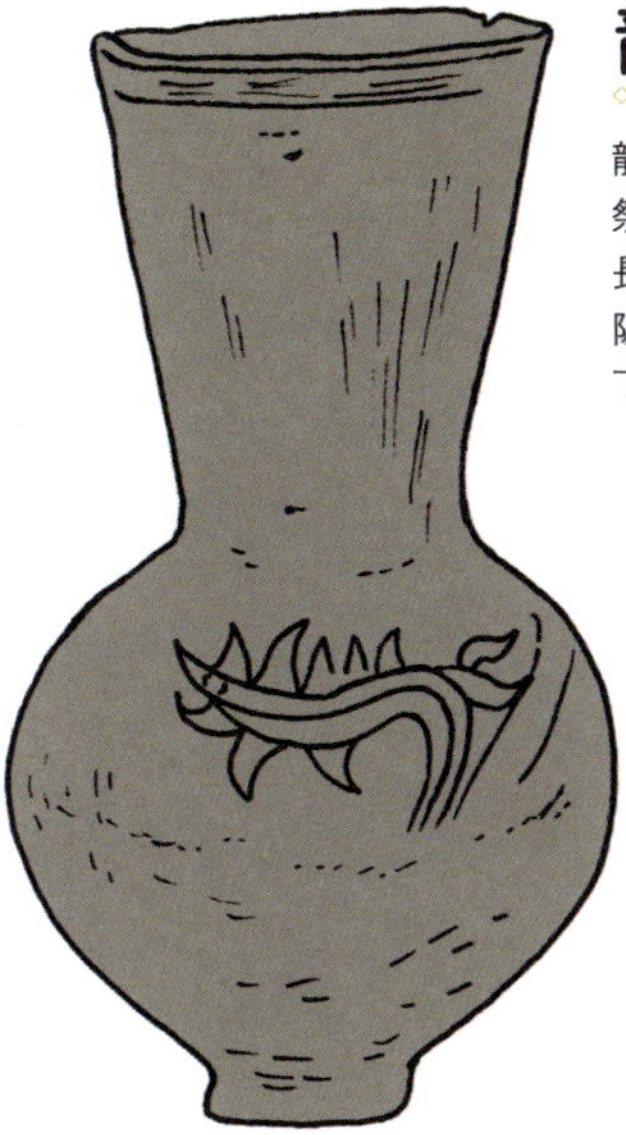

龍の絵のある土器

龍は水を司る象徴として、土器などの祭祀用具の表面に描かれました。
長頸壺：弥生時代後期／高 27.5㎝（大阪府池上曽根遺跡）（→ 116 ページ右下参照）

雨が続けば止むように祈ったことでしょう。精魂込めて育てた稲を一瞬にしてダメにする天災が起こらぬよう、祖霊に祈ることもあったかもしれません。

　地域によって祖霊や稲の精霊を連れてくる鳥形の木製品や、水田には欠かせない水を司る龍の絵を描いた土器などを祭祀具として使っていました。これらは、水田稲作の技術と共に大陸から伝わった思想だと考えられています。

祈りを司るシャーマン

Q 神主や司祭のように、祭祀を取り仕切る人はいたのですか？

祈りをリードしたのは、縄文時代と同じようにシャーマン（巫女、呪術師）でした。具体的な姿が土器の表面に描かれています（↓93ページ参照）が、実際に福岡県飯塚市立岩《たていわ》遺跡の甕棺墓からは、シャーマンと思われる人骨が見つかっています。

特別な副葬品があり、社会的地位の高さを示しています。右腕には南島産の貝輪を14点も身に付けていました。

貝輪の中には輪っかの径が小さく、到底成人の手が入るような大きさではない物もあります。つまり子供のときに身につけ、水田稲作などの大変な労働に従事することなく暮らした人だったのでしょう。もしかすると、子供の時からシャーマンとして育てられたのかもしれません。祈りを司るシャーマンは、人々の心を掌握し、権力を持つようになっていきます。その典型が、弥生時代の最後に登場するシャーマン、卑弥呼だったのです。

後期

弥生時代後期の遺跡からは勾玉の首飾りや鏡などの装飾品・副葬品が見つかっています。こんなふうに美しく染色された衣服を着ていたのかもしれません。

シャーマンスタイルの変遷

シャーマンは誰もがなれるわけではなく、特殊な能力をもつ人や、その家系の人が就いた仕事だと言えます。弥生時代のシャーマンの仕事は、縄文時代よりも具体的な願い事をしていたのではないでしょうか。例えば、日照りが続けば雨が降るように願い、稲が豊作になるように祈る。神からのご神託を周囲の人に伝えるような役割がありました（→93ページ参照）。

中期

弥生時代中期になると装飾品も少し華やかに。中でも福岡県立岩遺跡で見つかったヘアバンドは大変美しい出土品として有名。同じ甕棺からは副葬品の鏡が出土しています。

前期

弥生時代早期のシャーマン（巫女）の想像図。早期・九州の出土品から、貝輪や勾玉・管玉・犬歯の首飾りなどの装飾品を身につけていたと推測されますが、全体的にシンプルな感じ。

バラエティ豊かな祭祀の道具

Q 弥生時代の祭祀には、どんな道具が使われたのですか？

弥生時代には木製品で作られた祭祀の道具がたくさん見つかっています。前述の「弥生人の祈り」（↓82ページ参照）で挙げた鳥形木製品もその一例ですが、中には「木偶《もくぐう》」と呼ばれる人形《ひとがた》もありました。縄文時代の人形である土偶の多くが、妊娠した女性を表現していると言われますが、木偶は男女ペアで作られています。稲作は男女が力を合わせて作業に取り組むことから、男女の祖霊を表現しているとも、男女の和合を表しているとも言われていま

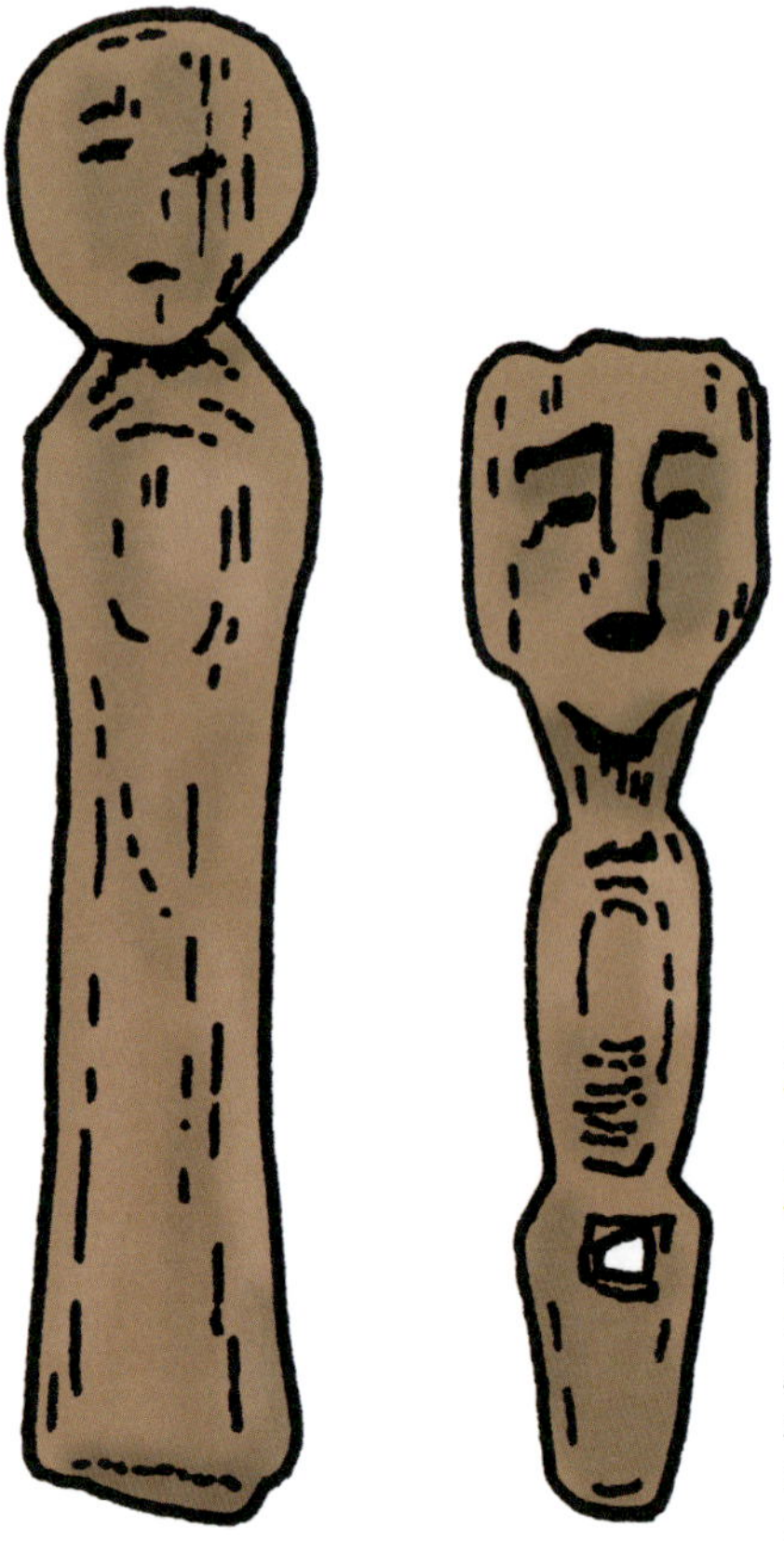

男女ペアの木偶

弥生時代の祭祀には「木偶」と呼ばれる木製の人形が使用されることもありました。
木偶：弥生時代中期／高55.6㎝（左）、高35.6㎝（右）（滋賀県大中《だいなか》の湖《こ》南《みなみ》遺跡）（→140ページ参照）

す。

縄文時代の代表的な祭祀の道具に、男性器を石で模して作った石棒があります。弥生時代には、よりリアルな男根形木製品が作られるようになりました。縄文的な再生や豊穣を祈る道具とも、衰えた稲を蘇生させるための祭りの道具とも考えられています。

木製品の中には箱形の琴もありました。島根県出雲市姫原西《ひめばらにし》遺跡から見つかった琴には三日月と円形の模様が施されています。月は再生のシンボルとされ、その満ち（円形）欠け（三日月）を表現した琴で音を鳴らしながら再生を祈ったのかもしれません。

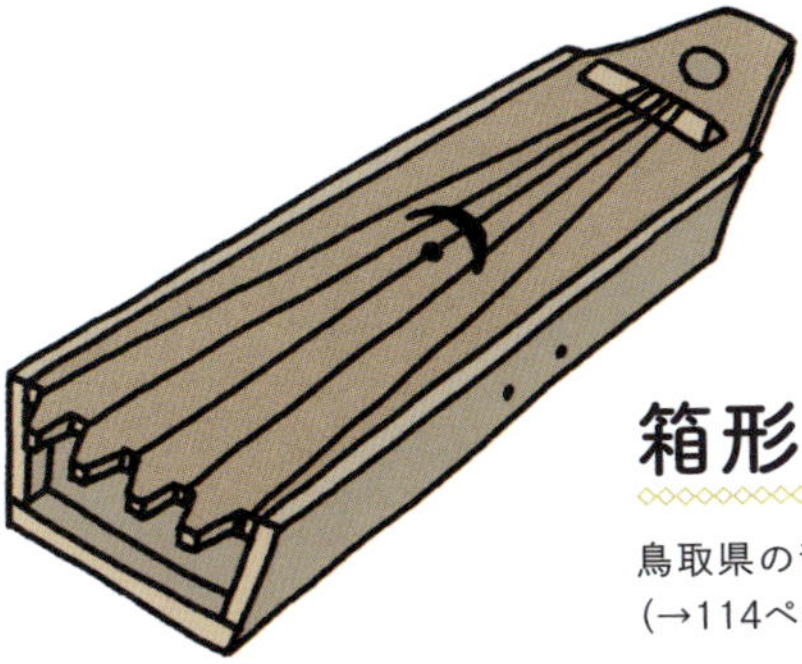

箱形の琴

鳥取県の青谷上寺地遺跡から出土した木製の琴（弥生時代中期）（→114ページ参照）。側板には月やシカなどの模様が施されています。

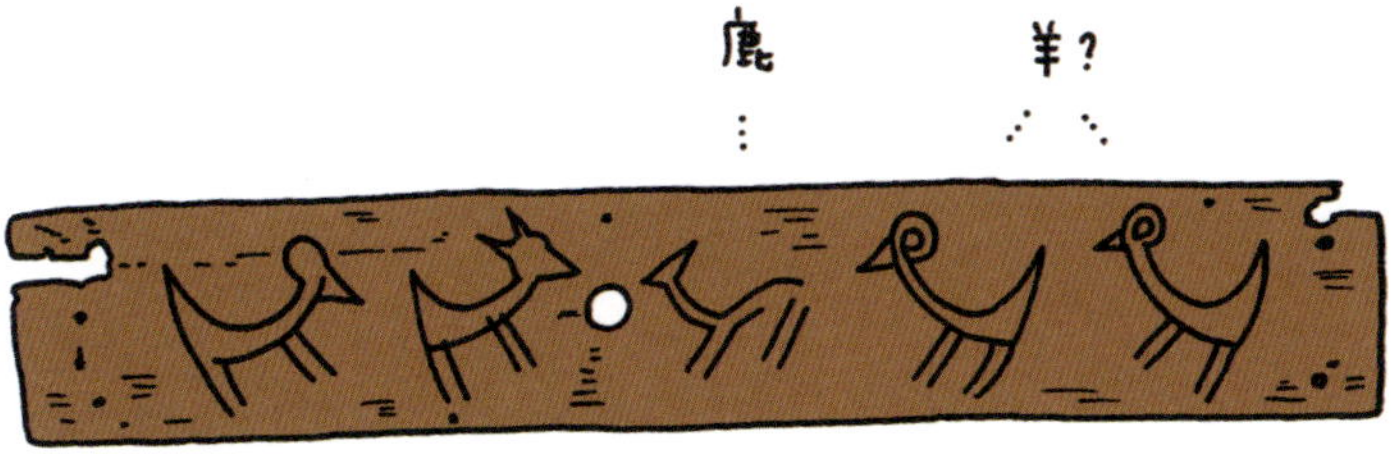

イノシシの骨

一直線に並んで出土したイノシシの下顎の骨。中央にはシカの頭骨がありました。どんな祭祀に使われたのでしょうか？（岡山県南方《みなみかた》遺跡）

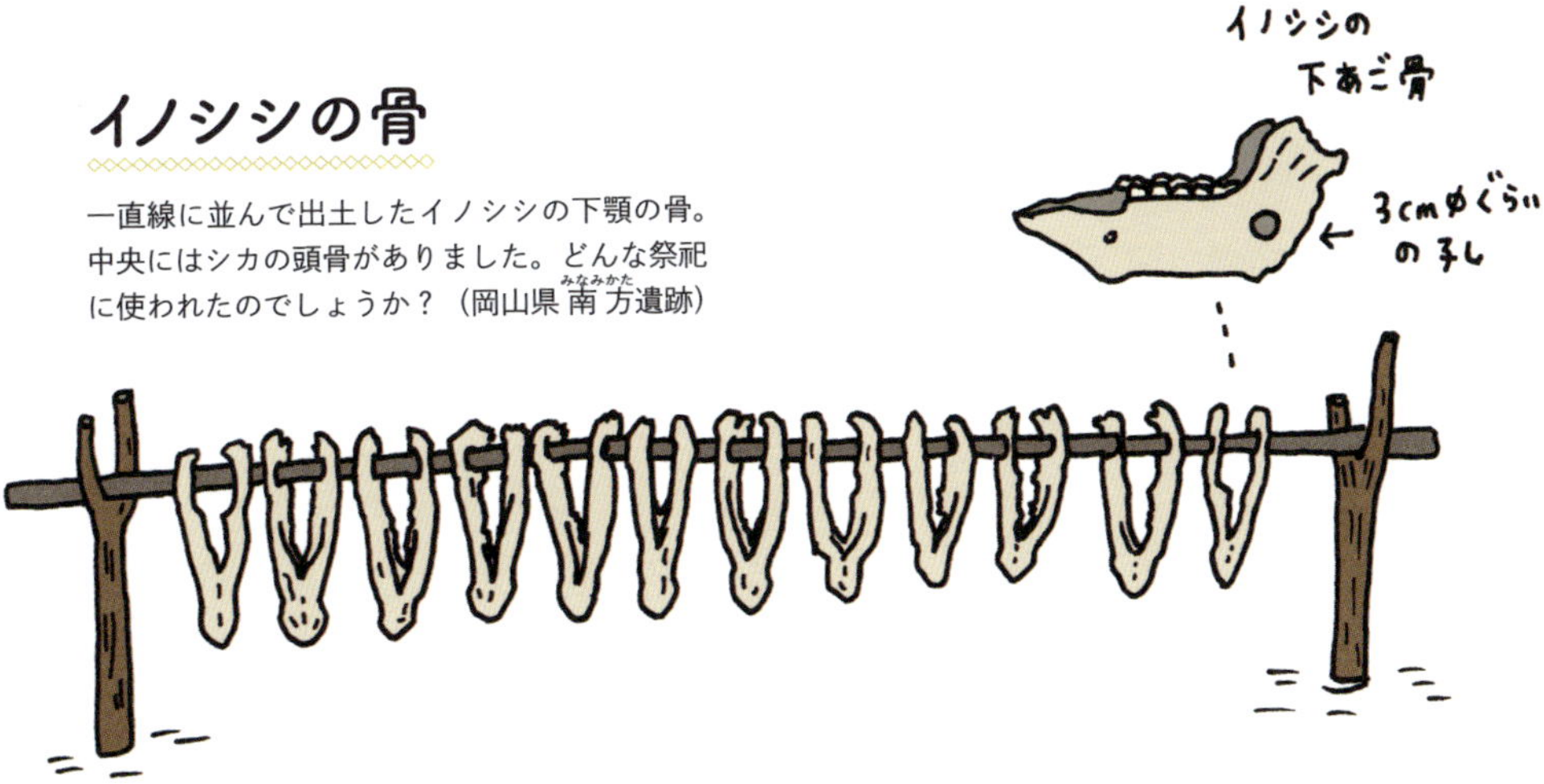

銅鐸

銅鐸を叩くと高い金属音が鳴り響きます。銅鐸は後に大型化し、「聞く銅鐸」から「見る銅鐸」へ変わってきました。

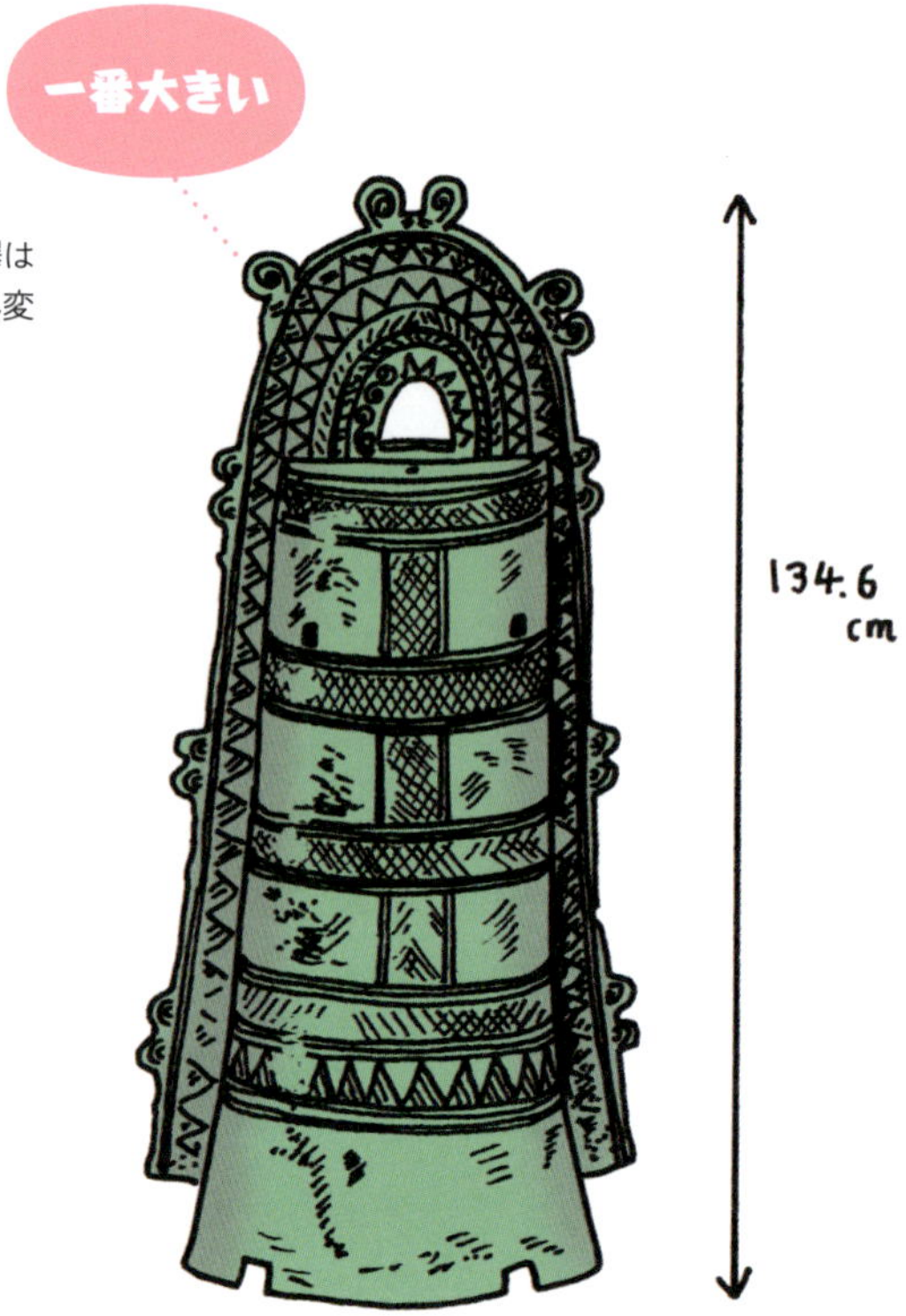

滋賀県小篠原《こしのはら》1号銅鐸

滋賀県栗東市下鈎《しもまがり》遺跡

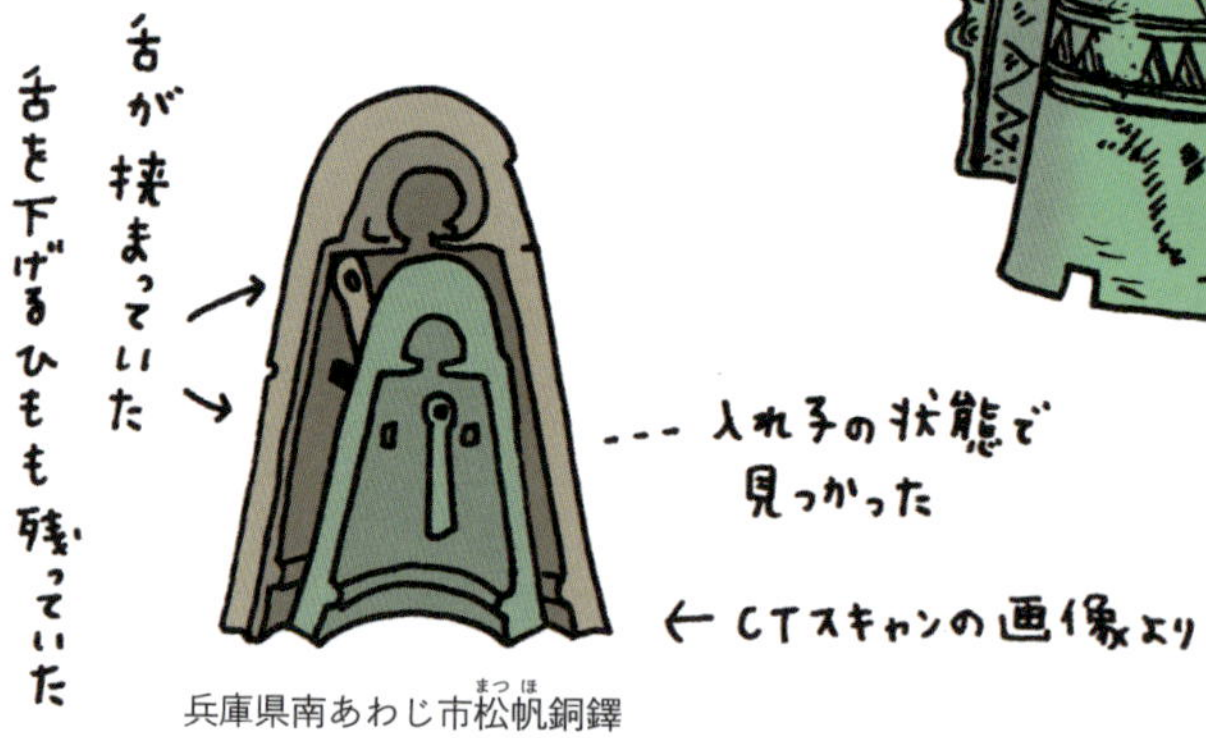

兵庫県南あわじ市松帆《まつほ》銅鐸

音が出る祭祀具として、もっとも代表的な物は「銅鐸《どうたく》」でしょう。主に西日本の限られた遺跡から見つかっています。もともと中国や朝鮮半島で作られていた青銅製の鈴や鐸を弥生人が受け入れ、独自にアレンジし、農耕の祭りの道具にしたのです。自然界には存在しない、それはそれは高く澄んだ「キーン」という金属音に、弥生人は衝撃を受けたのではないでしょうか。人智を越えた存在が奏でる音のようにも感じられたかもしれません。銅鐸は次第に大型化して鳴らして使うには不向きな構造になっていくものもありました。

青銅で作られた祭祀の道具には銅剣や銅戈《どうか》、銅矛《どうほこ》と言われる武器もありました。当初は武器として渡来しましたが、後に大型化し、祭祀の道具になったと考えられています。祭りの場でそれらを使って模擬戦を行い、豊作か凶作かを占ったと考えられます。

キーン
カーン
コーン
カラーン
銅鐸あるある
腰を抜かしびっくりする弥生人……
あわわー
なんじゃーあの音はー

たぶんこんなシーンが…

銅鐸の高く澄んだ音色に驚いた弥生人もいたかも？

骨で吉凶を占う「卜骨《ぼっこつ》」

卜骨

弥生時代中期後半（神奈川県逗子市池子《いけご》遺跡）

弥生時代の遺跡からは、シカなどの動物の骨に熱した棒を押し当て、そのヒビの入り方から稲作や戦いの吉凶を占う「卜骨」も見つかっています。もともと中国で行われていた占いが、日本に持ち込まれ定着したようです。

column

土製垂飾具

群馬県菅塩《すがしお》遺跡
（中期）径 3.2㎝

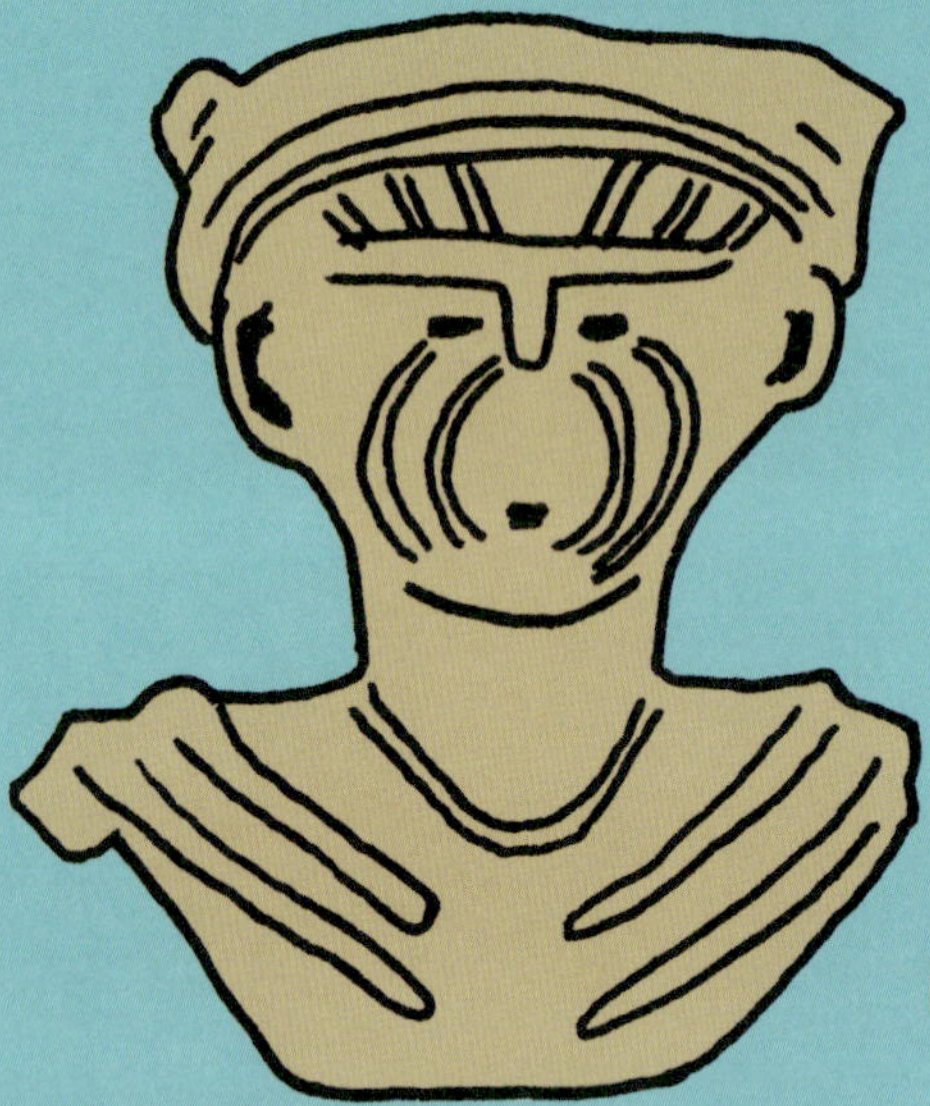

土偶形容器

愛知県古井町《ふるいちょう》遺跡
（晩期）高 16.5㎝

土偶形容器

福島県上野尻《かみのじり》遺跡
（中期）高 18.2㎝

していますが、中が空洞で、後頭部に開けられた穴から、どうやら人の骨を入れていたようです。つまり、今で言う「骨壷」ということ。祈りの道具であった土偶は、その姿形はなんとか引き継いでいるものの、用途はまったく違うものになったのです。

そして面白いことに、土偶形容器も男女ペアで作られることが多かったようです。そこには弥生の思想が入っているということ。土偶形容器は、弥生時代の思想と縄文時代の伝統がミックスした、非常に象徴的なものだと言えるかもしれませんね。

消えた土偶のナゾ!?

土偶形容器コレクション

弥生中期〜後期の遺跡からは、土偶の形をした容器などが多く見つかっています。それらも愛知県亀塚遺跡から出土した土器（→51ページ参照）と同じように、顔に入れ墨を施した人物が表現されていました。

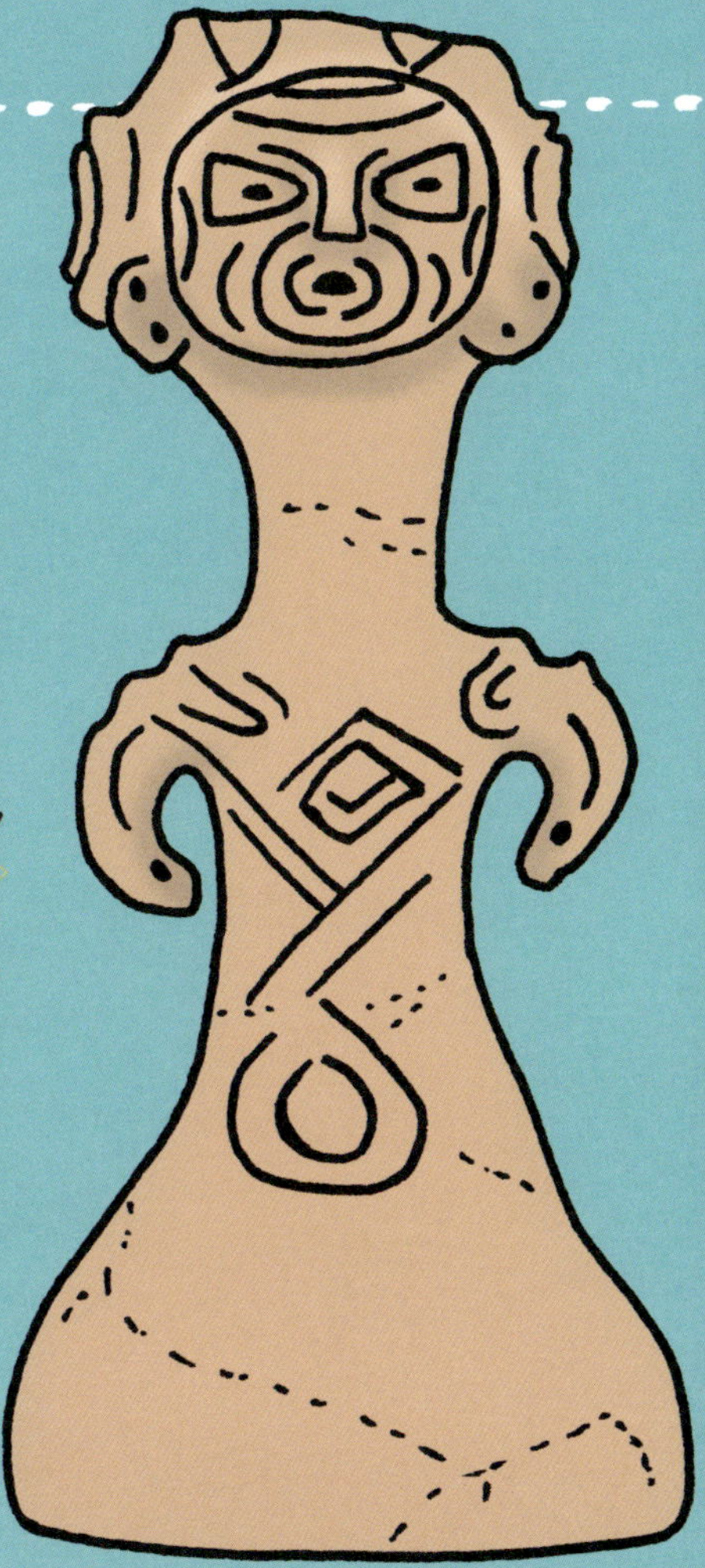

土偶形容器

長野県腰越《こしごえ》遺跡
（中期）高 36.7㎝

縄文時代の特徴のひとつと言っていい、人形の焼き物である「土偶」。縄文人にとって、土偶はなくてはならない祈りの道具でした。その道具は弥生時代になると、どうなっていくのでしょうか。

弥生時代になると、「木偶」という男女ペアの祭祀道具が登場します（→86ページ参照）。しかし、この素材は木なので、祈りの道具といっても少し違うのかもしれません。

では、土偶の後継は存在するのでしょうか。実は弥生時代になると、「土偶形容器」と言われるものが長野県、山梨県、神奈川県などで作られるようになります。見た目は人形《ひとがた》を

絵から読み解く弥生の世界観

Q 土器や銅鐸には絵が描かれたものもありますが？

弥生人たちは土器の表面や銅鐸などの絵で、当時の世界観を私たちに教えてくれています。例えば、兵庫県桜《さくら》ヶ《が》丘《おか》遺跡出土の5号銅鐸。ここにはシカと狩人、魚をとる人、臼と杵を使って脱穀する人、争う男女が描かれています。とはいえ、国内で見つかった銅鐸のすべてに絵が描かれているわけでありません。今のところ全体の11％ほどですから、特別な銅鐸だったのでしょう。
銅鐸に描かれるモチーフはシカがもっとも多く、人、高床式建物、鳥など

土器や銅鐸に描かれた絵

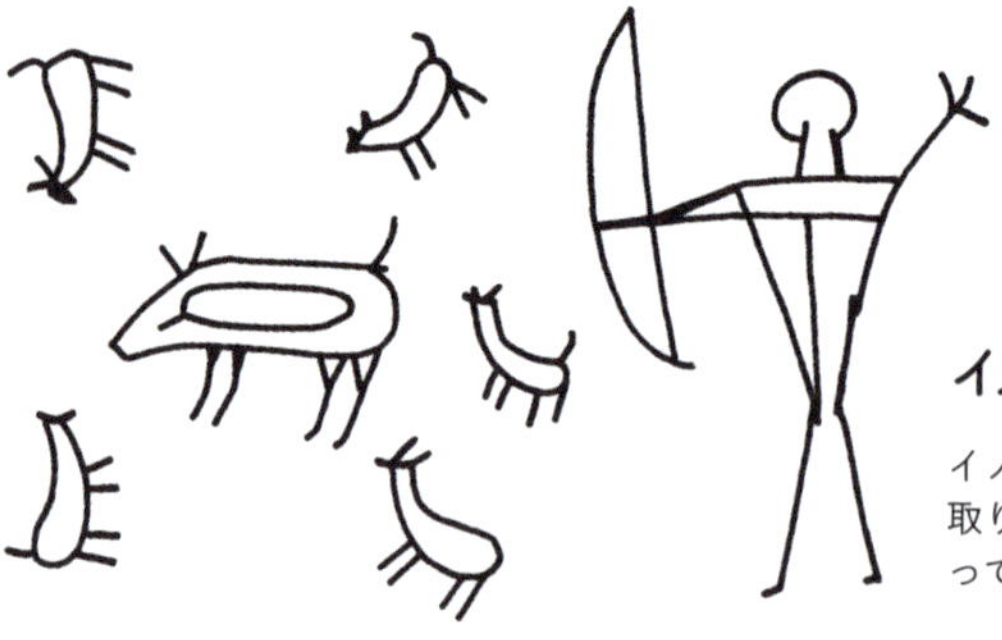

イノシシを狩る

イノシシの周りを犬たちが取り囲み、狩人が弓矢を放って獲物を仕留めます。

シカと狩人

兵庫県桜ヶ丘遺跡から出土した5号銅鐸には、シカを狩る狩人の絵が描かれています。

高床式建物と人

「絵画土器」に描かれた高床式建物。

シカ

と限定されています。日々の暮らしを描いたのではなく、祭りの場面や神話のシーンなどが描かれていたと考えられています。

一方、土器の表面に絵が描かれているものを絵画土器と言い、その半数以上が奈良県田原本町・天理市の清水風《しみずかぜ》遺跡および隣接する唐古《からこ》・鍵《かぎ》遺跡から見つかっています。土器には鳥の姿（鳥装）をした人物（シャーマン）が両手を広げ、ご神託を聞いているのでしょうか、2人の人物が側に描かれています。当時のシャーマンは、神の使いである鳥に扮することで、自分自身も神の使いであると表現していたとされます。

ご神託のイメージ

両手にシカの角を持ち、木製の仮面をかぶって鳥に扮したシャーマンが神託を授けているようす（想像図）。

絵画土器

奈良県の清水風遺跡、坪井・大福遺跡などからは、鳥に扮したシャーマンが描かれた土器が多く見つかっています。

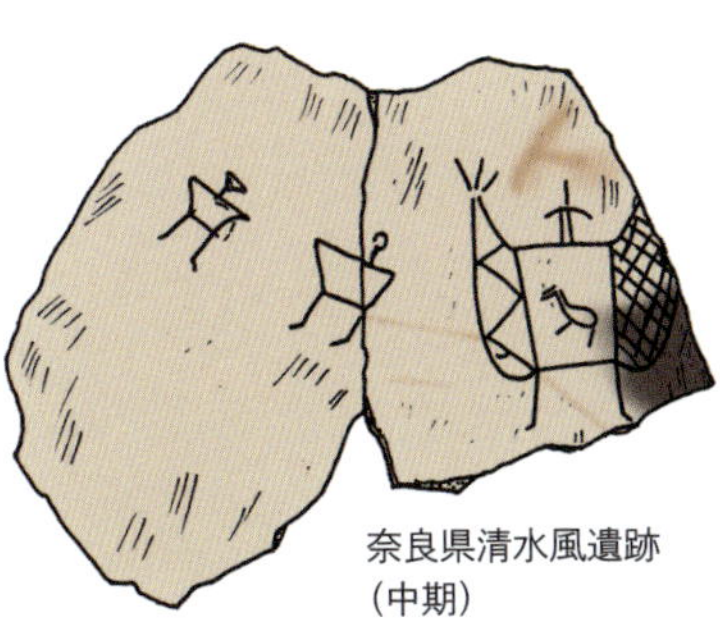
奈良県清水風遺跡
（中期）

奈良県坪井《つぼい》・大福《だいふく》遺跡
（中期）

column

これって何？ 銅鐸モチーフクイズ

銅鐸に描かれた動物のモチーフで最も多いのはシカ。その他には、高床式建物と人、鳥、船などと限定されています。では、このページで紹介する①〜⑦の絵は、何の動物を表していると思いますか？

①

②

③

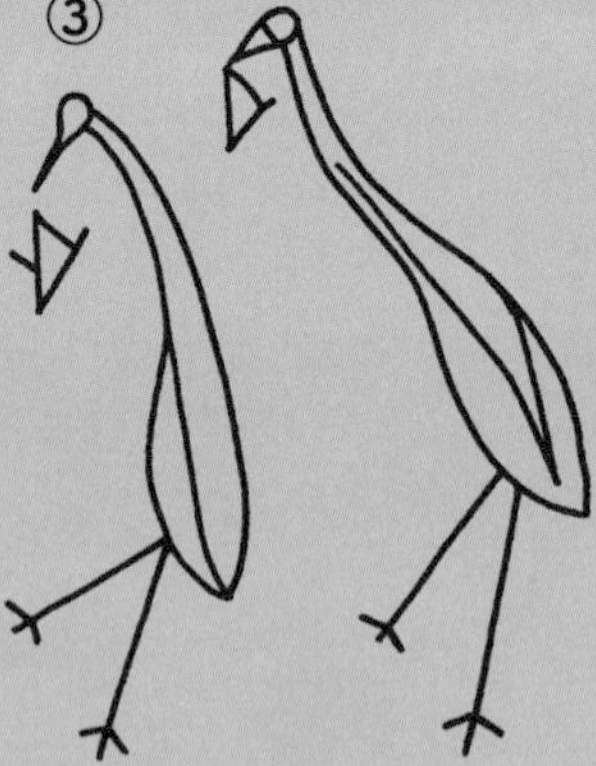

④

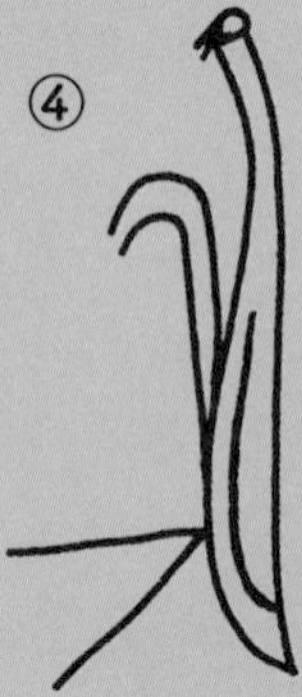

⑤

⑥

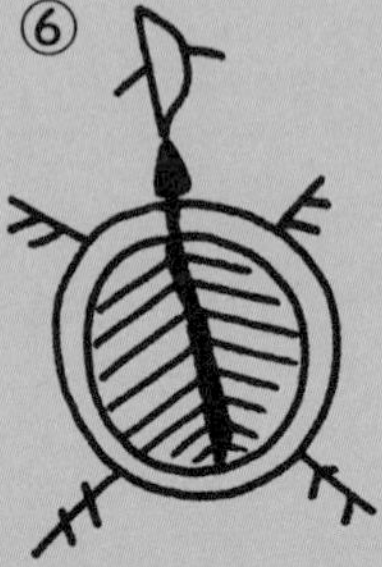

⑦

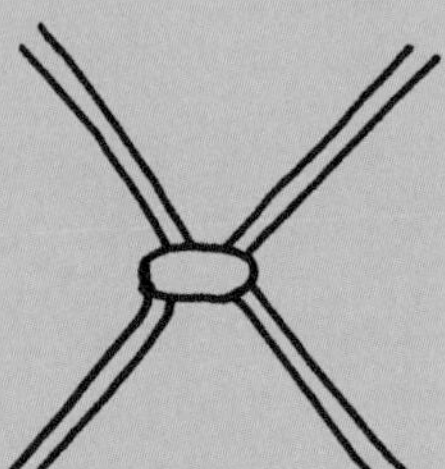

（クイズの答え）①シカ ②海ガメ？ ③鳥と魚 ④カマキリ ⑤トカゲ（またはイモリ） ⑥魚を捕らえたスッポン ⑦クモ

知られざる弥生ライフ

4章

弥生遺跡ガイド

はじめての弥生遺跡探訪

弥生時代をリアル体験!?


みなさん、弥生遺跡と言われて思いつく場所はありますか?

「うーん、どこだろう?」

きっと、そんな人も多いはず。

そこで今回、大陸から北部九州に渡来人が上陸し、人や弥生文化が徐々に広がっていった西日本の代表的な弥生遺跡を中心にご紹介いたします。

⑦青谷上寺地《あおやかみじち》遺跡（鳥取市青谷上寺地遺跡展示館）
鳥取県鳥取市青谷町青谷 4064
0857-85-0841
開館時間：9時～ 17 時
入館は無料です。

⑧池上曽根《いけがみそね》遺跡（大阪府立弥生文化博物館）
大阪府和泉市池上町 4-8-27
0725-46-2162
開館時間：9時 30 分～ 17 時
観覧料が必要です。

①吉野ヶ里《よしのがり》遺跡（吉野ヶ里歴史公園）
佐賀県神埼郡吉野ヶ里町田手 1843
0952-55-9333
開園時間は季節により異なります。
入園には入園料が必要です。

②須玖岡本《すぐおかもと》遺跡（春日市奴国の丘歴史資料館）
福岡県春日市岡本 3-57
092-501-1144
開館時間：9 時〜 17 時
入館は無料です。

③板付《いたづけ》遺跡（板付遺跡弥生館）
福岡県福岡市博多区板付 3-21-1
092-592-4936
開館時間：9 時〜 17 時
入場は無料です。

④土井ヶ浜《どいがはま》遺跡（土井ヶ浜遺跡・人類学ミュージアム）
山口県下関市豊北町神田上 891-8
083-788-1841
開館時間：9 時〜 17 時
観覧料が必要です。

⑤荒神谷《こうじんだに》遺跡（荒神谷博物館）
島根県出雲市斐川町神庭 873 番地 8
0853-72-9044
開館時間：9 時〜 17 時
入館は無料ですが、常設展は観覧料が必要です。

⑥妻木晩田《むきばんだ》遺跡（鳥取県立むきばんだ史跡公園）
鳥取県西伯郡大山町妻木 1115-4
0859-37-4000
開園時間：9 時〜 17 時
入場は無料です。

「弥生の遺跡って、地味なんじゃない？」と思ったそこのあなた！そんなあなたにこそ、是非とも足を運んでいただきたいのです。「弥生時代ってこんなことも、あんなこともしていたのか！」と驚くはず。どの遺跡も特徴がハッキリしていて、想像以上に面白い遺跡ばかりなんですよ。

弥生時代のテーマパーク!?

①吉野ケ里遺跡

入り口には豊穣を祈る鳥の飾りが。

ムラを守る深い濠と逆茂木。

日本で一番有名な弥生遺跡といえばここ！と言っても過言ではありません。約117万平米という広大な敷地に当時の人々の様子が再現されています。訪れてまず驚くのは敵の侵入を防いだと言われる「逆茂木《さかもぎ》」。深い濠の周りにぐるっと差し込まれた様は「何が何でも侵入を防いでやる」という気迫をヒシヒシと感じます。また、テーマごとに分けられた再現ジオラマを見てまわるのも楽しいもの。オススメは物見櫓で、そこから眺める景色は、圧巻の一言。甕棺墓が大量に埋葬された様子を復元した墓地も必見です。

それぞれの家の中では、弥生時代の生活が再現されているよ！
歩きながらいろいろ見ていこう。

大人《だいじん》の妻の家へ潜入～♪

お出かけ前に髪をセット！

別の建物では……

今日のは出来がいいな

役人が剣の出来をチェック！

身分の高い大人達はアカネやアカニシなどで染めた服を着ている。

大切なものは枕元へ…

役人がいる建物の中には漆塗りの盾や甲冑が！

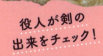

吉野ヶ里遺跡

復元された主祭殿は、
吉野ヶ里の中で
いちばんの重要施設！

奥にも
たくさんの人が！

ムラの指導者たちによる会合の様子。ムラの運営についてなど重要なことを話し合う場として使われていたみたい。

司祭者である巫女が
お告げを得るようすも
再現されているよ！

人の営みに欠かせない
お墓も必見!!

大きな墳丘墓。王を埋葬した場所と考えられている。中からは多数の甕棺が見つかっている。

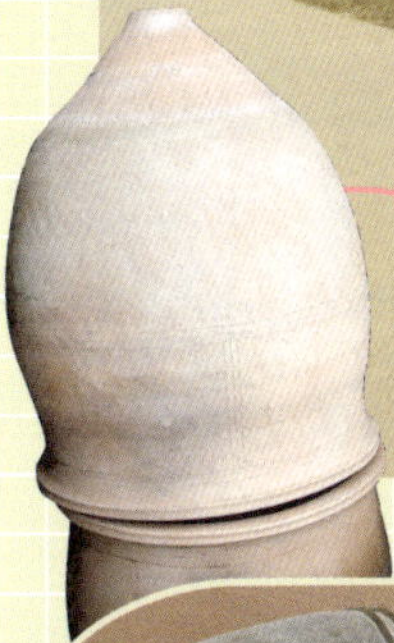

甕棺

大きな甕を2つくっつけることで棺として使っていたんだ。

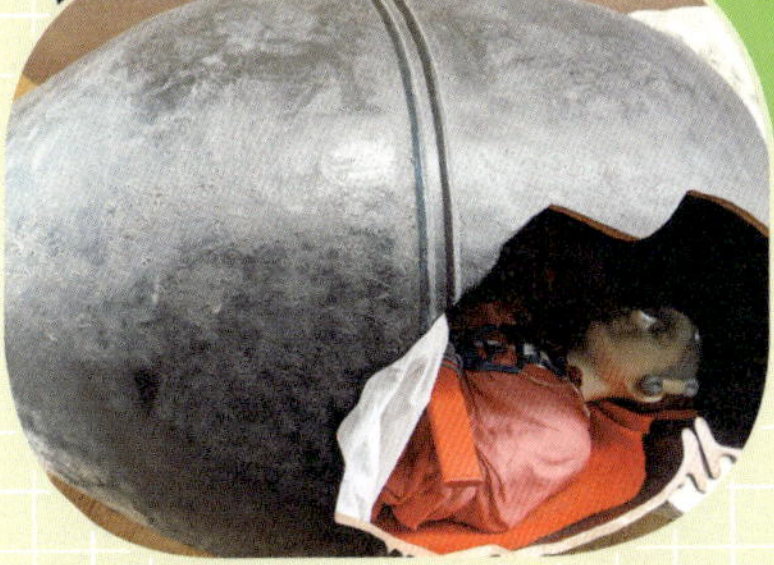

甕棺の中には、こんな形で埋葬されていたのかも。

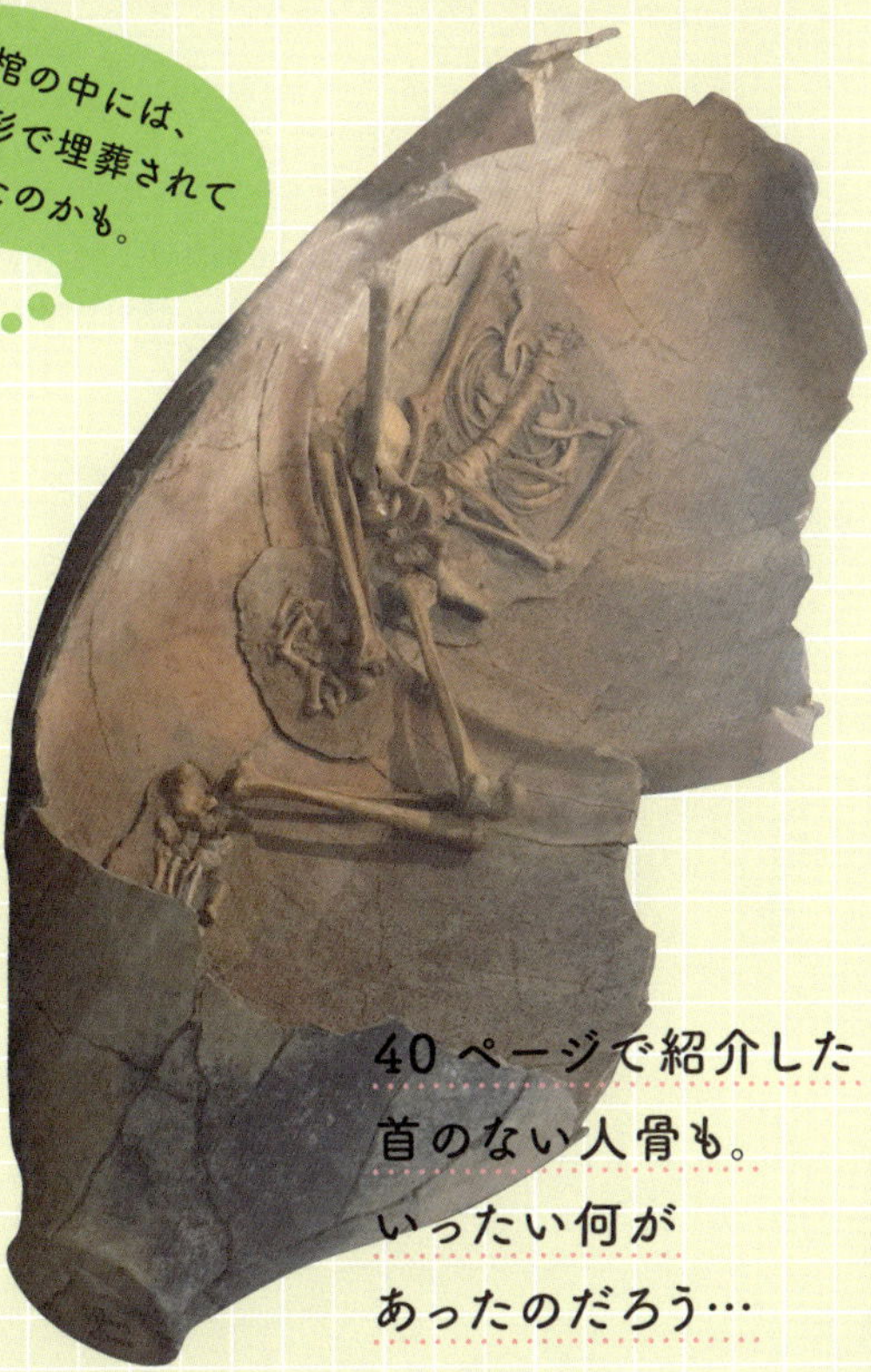

40ページで紹介した首のない人骨も。いったい何があったのだろう…

たくさんの弥生の遺物や復元された建物を巡りながら、まるでタイムスリップしたかのような弥生の空気が味わえるのは吉野ヶ里ならでは！

弥生時代のハイテク都市

② 須玖岡本遺跡

漢から金印を授けられるほど強大な力があったとされる奴国。その奴国の中心と考えられる須玖岡本遺跡は博多湾まで見渡せる春日丘陵に広がっていて、今でも岡本地区を歩くと至る所にその痕跡を見ることができます。王のお墓の周辺に王族や有力者、そして一般の人が眠るお墓が見つかるなど社会階層が見て取れる重要な遺跡です。また当時、最先端の技術を駆使して生産されていた青銅器生産工房の様子が「奴国の丘歴史資料館」にて原寸大で再現されており見逃せません。

2つの覆屋の中にはたくさんの甕棺が見つかった墓地と祭祀の遺構が保存されているよ。

奴国の丘歴史資料館で再現された青銅器工房に突撃！

銅を溶かして慎重に流し込む！

次に使う銅を溶かして準備している。

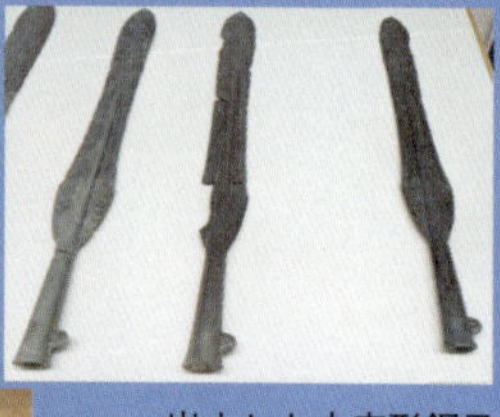

出土した中広形銅矛。

弥生人の足ってこんな感じなのか！

③ 板付遺跡

大きな種もみがお出迎え

板付遺跡といえば、弥生時代最古の米作りのムラとして知られています。現在は住宅地になっていて、全貌を伺い知ることはできませんが、調査の結果、環濠集落だったことがわかっています。また、環濠集落がある台地よりも低くなった南西側に、水田跡が見つかりました。板付ムラに暮らした弥生人は、朝起きて、皆でぞろぞろと水田まで移動して、日中は水田作業に当たっていたのかも、なんて想像してしまいます。見所はなんといっても水田面に残された弥生人の足跡！それも、身長164センチ前後、歩行途中で滑りそうになって慌てて体勢を立て直した時についた足跡だったとか。弥生人の頑張りが見えてくる足跡だ！

弥生の水田や集落が再現されている

板付遺跡弥生館へ GO！

出土した農具（レプリカ）。フォークのような形をしている。

水田の様子を再現した、中に入ってみたくなるような精巧な作りのジオラマ。

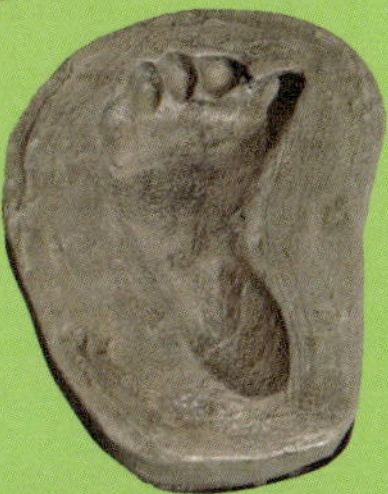
水田の跡から弥生人の足跡が見つかっている。

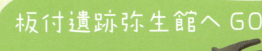

④ 土井ヶ浜遺跡

心は遥か、大陸へ

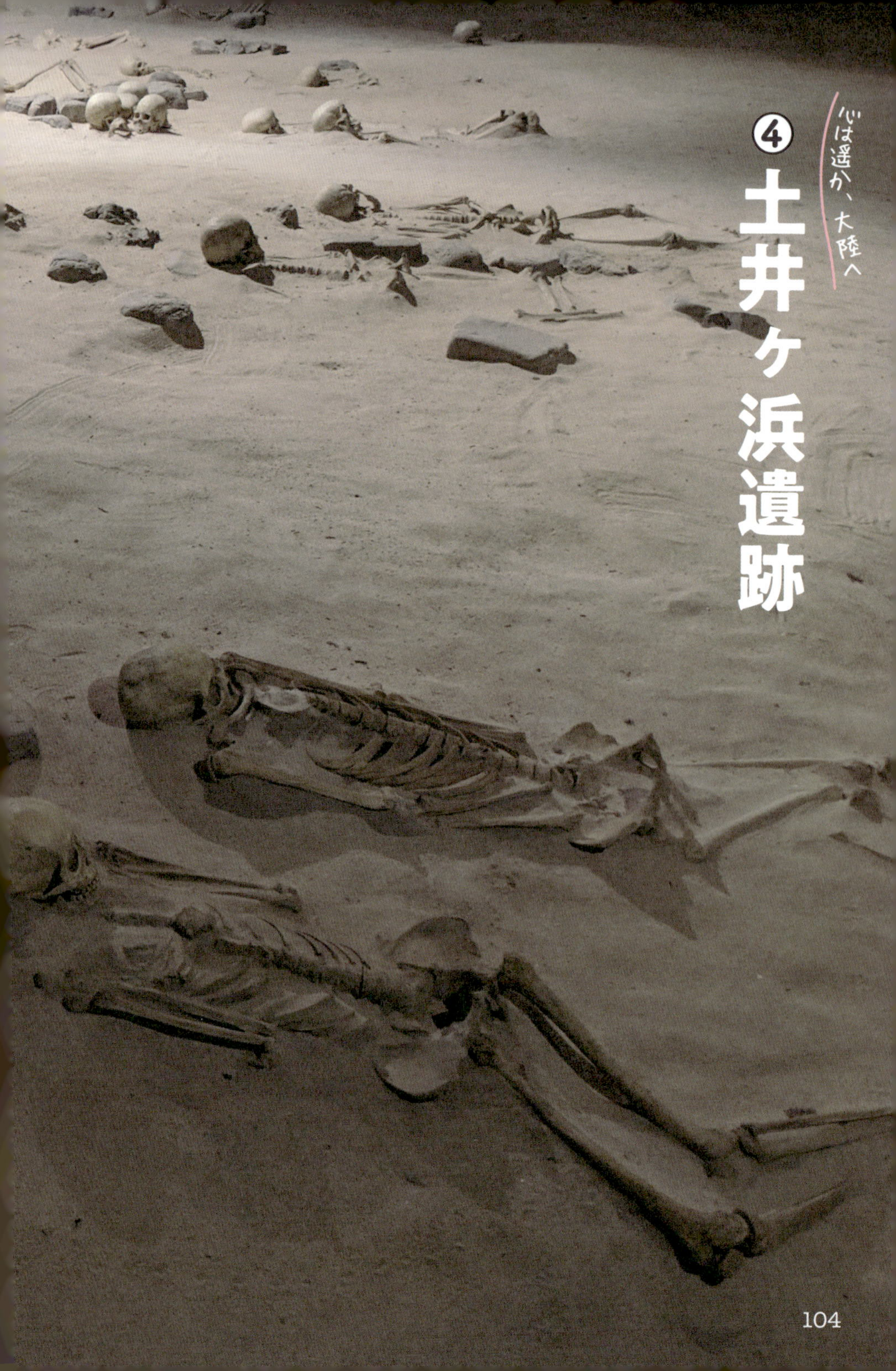

土井ヶ浜遺跡といえば、弥生人骨が大量に見つかったことで有名です。その数およそ300体。海岸線にほど近い小高い丘は強風で運ばれた海の砂で砂地になり、集団の墓地となっていました。その場所を保存し、展示したのが「土井ヶ浜ドーム」。少しひやっとする中に入ると、とにかく骨・骨・骨のオンパレード。もちろんレプリカですが、発掘当時が再現されていて迫力満点。何体もの頭蓋骨が集められていたり、石で囲ったりした墓が何種類もあったりと、さまざまな埋葬方法を見ることができます。そして最大の特徴は、みな北西を向くように頭を少し高くしていること。その視線の先には、海を越えて遥か彼方に大陸があり、自分たちのルーツに思いを馳せていたのかもしれません。

土井ヶ浜遺跡

まずは資料館へGO!
目を引くゴホウラ貝の
オブジェがお出迎え。

土井ヶ浜遺跡から
出土したなんとも
可愛らしい土器。
何に使われたんだ
ろう?

貝を使った腕輪な
どの装飾品も多数
出土している。

貝殻で描かれたとても可愛い模様が
印象的!土井ヶ浜に生きた弥生人た
ちの細やかな手仕事に心惹かれる。

資料館の次は、土井ヶ浜遺跡の
発掘現場が保存された場所へ。
ドームの中に入ってみよう。

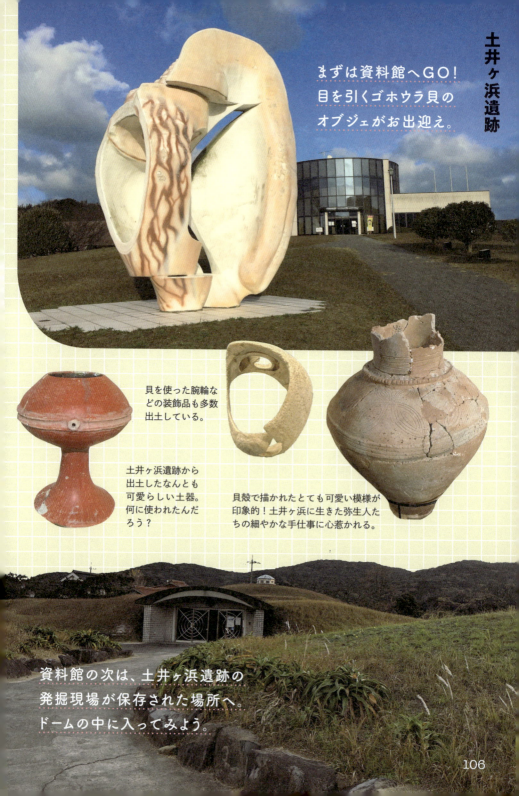

ドームの中では発掘された墓の様子を人骨のレプリカを使って再現している。

石棺による埋葬も見られた。

シャーマンとも、村を守った英雄ともされる男性の骨。多数の石鏃が打ち込まれている。

再葬された人骨。みんな同じ方向を見つめている。

⑤ 荒神谷遺跡

ジブリ感が炸裂してます

荒神谷遺跡の発掘の様子を再現。そのロマンあふれるたたずまいは、見学台から見ることができる。

銅剣358本、銅鐸6個、銅矛16本がひとつの遺跡から見つかるという、日本でも稀に見る遺跡です。中でも銅剣が一箇所から358本見つかるのは日本最多。また、びっしりと隙間なく埋められた銅剣とともに銅鐸も埋められていたというのは、他に例がありません。埋められていた場所は丘陵の斜面で、「なんでこんなところに？ それもあんなに大量に埋めるって、大変じゃないか」と思うこと必至。現在、発掘当時の再現現場は木々に囲まれていますが、それがまたなんとも神秘的で、古代の謎を掻き立てています。見物台に立って是非ともそれを体験していただきたいです。

発掘現場の模型や詳細を見に博物館へ行こう！
博物館の中ではジオラマや実際に出土した遺物、それをもとにした復元に触れて体験することもできる。

ところ狭しと並べられた黒い棒の正体は銅剣！これだけ並ぶと壮観。

荒神谷遺跡出土
銅剣（国宝）

呼応神田に遺跡で出土した銅剣や銅鐸、銅矛は国宝に指定されているよ。

できたばかりは
こんな色をしていたんだ！

銅鐸

銅剣

これが銅の重み……

銅矛

手袋をして、
実際に
重さを体験出来る
コーナーも。

館内のジオラマでは工房や稲作の様子を見ることができる。ジオラマの中で時間が進んで行く。もう夕方のようだ。

⑥ 妻木晩田遺跡

あなたも妻木晩田ムラの一員にならない？

資料館の中には当時食べていたものや、道具の使い方などの面白い展示がたくさん。

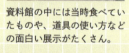

遠くにムラが見える!
お互いに相手が暮らしていることがわかる。
弥生人たちも、こんな風に見ていたのかもしれない。

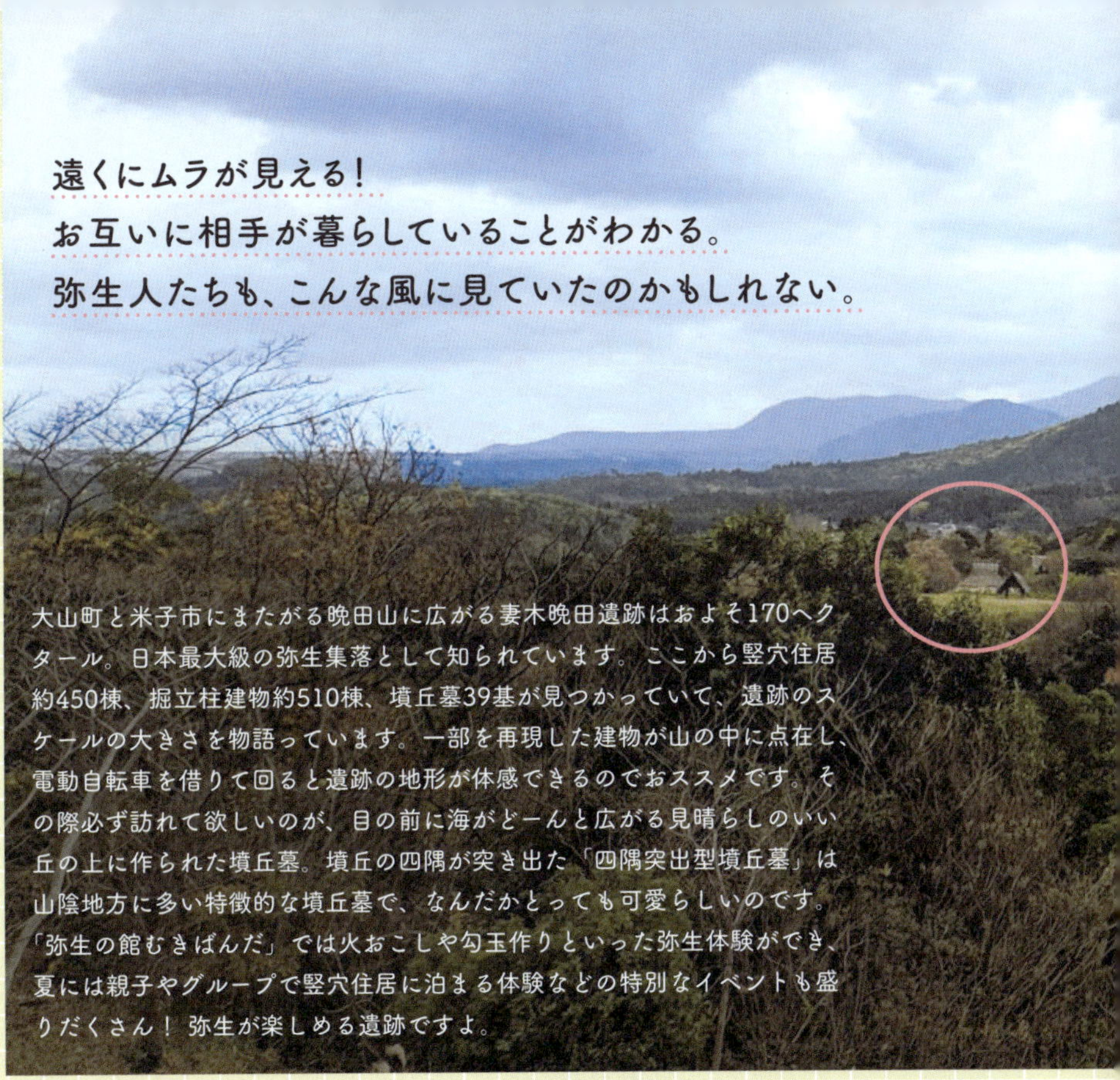

大山町と米子市にまたがる晩田山に広がる妻木晩田遺跡はおよそ170ヘクタール。日本最大級の弥生集落として知られています。ここから竪穴住居約450棟、掘立柱建物約510棟、墳丘墓39基が見つかっていて、遺跡のスケールの大きさを物語っています。一部を再現した建物が山の中に点在し、電動自転車を借りて回ると遺跡の地形が体感できるのでおススメです。その際必ず訪れて欲しいのが、目の前に海がどーんと広がる見晴らしのいい丘の上に作られた墳丘墓。墳丘の四隅が突き出た「四隅突出型墳丘墓」は山陰地方に多い特徴的な墳丘墓で、なんだかとっても可愛らしいのです。「弥生の館むきばんだ」では火おこしや勾玉作りといった弥生体験ができ、夏には親子やグループで竪穴住居に泊まる体験などの特別なイベントも盛りだくさん! 弥生が楽しめる遺跡ですよ。

復元された竪穴住居から外を見ると、のどかな風景が待っている。弥生人たちもこうして外を眺めていたのかもしれない。

二ヶ所見学で青谷上寺地遺跡の達人に！

⑦ 青谷上寺地遺跡

可愛い絵がついてる！ これは、鹿…？

絵のついた土玉や鳥形の木製品をはじめ、青谷上寺地遺跡からの出土品には可愛いものがたくさん！　早速、見に行ってみよう!!

弥生時代の入り海に面した場所に作られた青谷上寺地遺跡は、低く湿った土地だったため、通常残りにくい木製品などが大量に見つかり、「地下の弥生博物館」とも言われています。遺跡近くに建てられた青谷上寺地遺跡展示館では、眼を見張る美しい木製品の数々（レプリカ）が展示され、ため息もの。そして何を置いても見ていただきたいのが、たくさんの人骨！ 湿地だったため人骨の残りもよく、その中に脳が保存されていたものもあったのです。また、歩いて10分の場所には、鳥取県埋蔵文化財センター青谷調査室があります。そこの収蔵展示室には弥生人たちが使っていた暮らしの道具が並べられ、間近で見ることができます。弥生が一気に身近に感じられること間違いなし。

※埋蔵文化財センターにある収蔵展示室は土日祝日の公開を行っていない。見に行く時には注意しよう。

豊穣を運ぶ？
シンプルだけど
確かに鳥形！

弥生人の脳！
いったいどんなことを
考えていたのかな？

青谷上寺地遺跡から出土した人骨の中に、脳が残っているものがあった。とても貴重な資料だ。（脳はレプリカ）

争いがあったのか、朱塗りの盾が遺されていた。

弥生人のくつ！？
紐などで留めて
使っていたのかな？

こんなところにサカナが！
漁の成功祈願？

船をこぐために使われた？　櫂も出土している。

魚形と言うよりイカみたい？

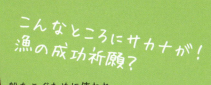

青谷上寺地遺跡

ほぼ完全な形で見つかった琴。どんな音楽を奏でていたのだろう？

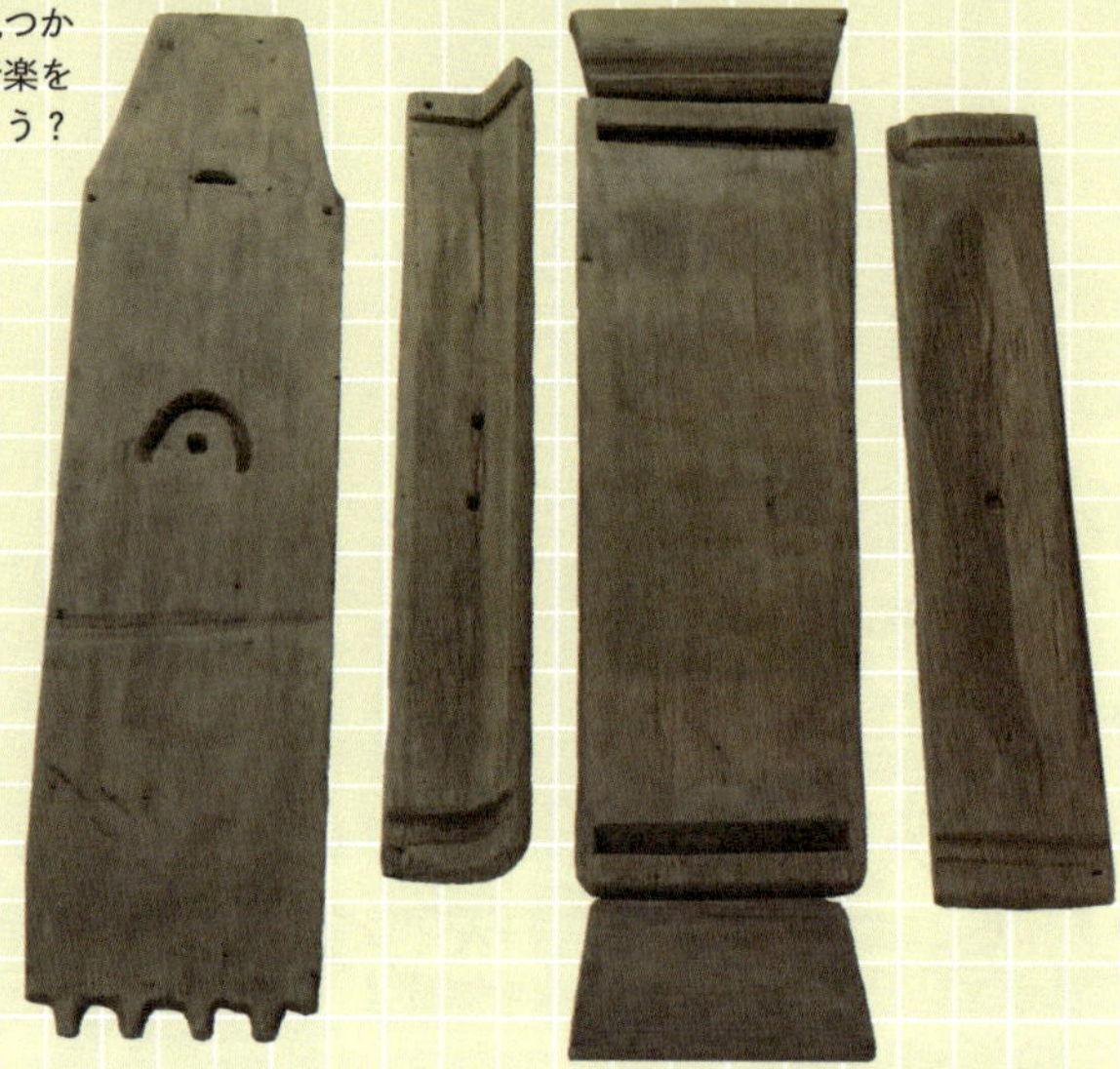

丁寧に磨かれたヒスイの勾玉。

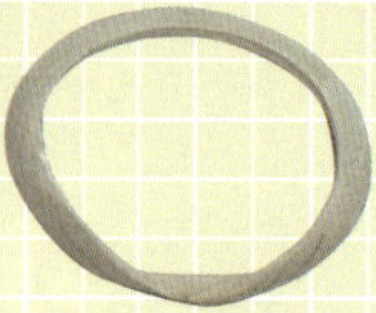

装飾品として使われた貝輪。

側板にはたくさんの動物達が。

琴の側板

サメのような魚？が描かれている。

デザインが秀逸！

細部の装飾が可愛いヘラ。鹿の骨を使ってつくられている。

日常の中の弥生集落

⑧池上曽根遺跡

復元された建物の屋根の部分。3本の木が交差するように重なり合って屋根を支えている。

車がひっきりなしに走る幹線道路のすぐ脇に、突如として現れる巨大な高床式建物にまずは驚かされます。東西17m、南北7m、床面積135平米と、とにかく大きく、こんな立派な建物を作ってしまう弥生人の技術力に舌を巻きます。神殿とも考えられている建物の前には直径2m、樹齢700年のクスノキを刳り貫いた井戸も見つかっていて、特別な儀式の場所だと考えられています。

遺跡の中にはいくつかの建物が復元されている。

大阪府立弥生文化博物館

一度でいろいろお得です

遺跡に隣接する弥生文化博物館。遺跡を見つつ、早速中へ入ってみよう。

全国各地の代表的な弥生の遺物が揃う弥生文化博物館。
館内のどこを見ても弥生について詳しくなれる仕掛けが盛りだくさん。弥生人、米作り、死とまつり、交流、ムラ・戦い・クニなどそれぞれのテーマに合わせて展示されているので、気になったところから回るのも楽しい。

日本で唯一、弥生文化に特化した博物館です。館が所蔵するものはもちろん、全国の代表的な弥生遺物が展示されているので、とにかくざっくりと弥生時代の概要を知りたい、という人にはうってつけの博物館です。見所は四季折々の集落の暮らしを再現したジオラマと、卑弥呼の村のジオラマ。少しかがんでジオラマを覗き込めば、自分がその集落に紛れ込んだ気分になって弥生のムラを感じることができるはず。ここには、池上曽根遺跡から見つかった品々も展示されていて、屋外の復元を見学した後に、こちらでより詳しく遺跡について知ることができます。くれぐれも展示室中央の卑弥呼と一緒に記念撮影することをお忘れなく！

ユニークな絵画土器も多数！

本物の土器などを触ることができるコーナーも充実。

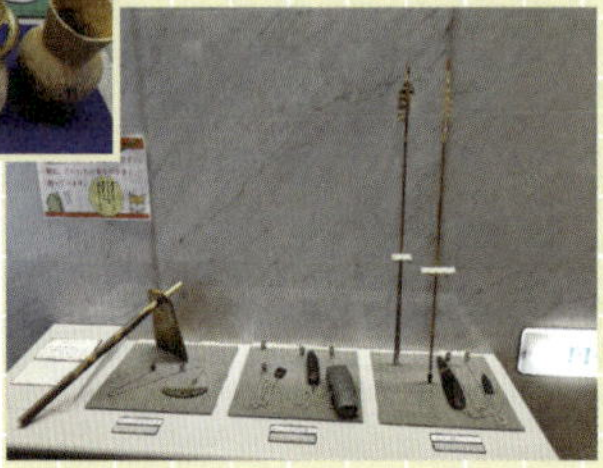

龍が描かれているんだって！どっちが頭に見える？

（写真提供：大阪府立弥生文化博物館）

館内にも
復元された建物が。
かわいい尻尾が
見えている
家の中は…？

一家団欒の風景。弥生時代もこうして家族で食卓囲んでいたんだね。

卑弥呼の暮らしを覗き見できる

卑弥呼本人や卑弥呼が暮らした村・食事を様々な資料をもとに想像して復元しているよ。

（写真提供：大阪府立弥生文化博物館）

column

「魏志倭人伝」は正式名称ではありません

あまりに「魏志倭人伝《ぎしわじんでん》」という言葉が認知されてしまったために、正式な書物の名称だと思っている人も多いのではないでしょうか？　じつは正式名称は『「魏書」東夷伝倭人条』と言います。日本でもよく知られる歴史書『三国志』の中に、東アジアの7種族の暮らしや自然などについて書かれた「東夷伝」があり、その一節に弥生時代後期ごろの「倭人」について述べた箇所があります。ただこれは著者である中国西晋（魏のあとに興った国）の陳寿が見たり聞いたりしたものが元になっているとされるため、すべてが真実かは判断が難しいところ。とはいえ「大人《だいじん》（身分の高い人）」「下戸《げこ》（一般庶民）」「奴《ぬ》婢《ひ》（奴隷）」という身分があったことや、「祖賦《そふ》（税金）」を収める倉庫があること、国々に市があって交易が行われていたことなどが記されており、当時を知る貴重な資料であることは間違いがありません。邪馬台国と卑弥呼に関する記述もありますが、その内容はいかようにも解釈できるため論争のタネになっています。

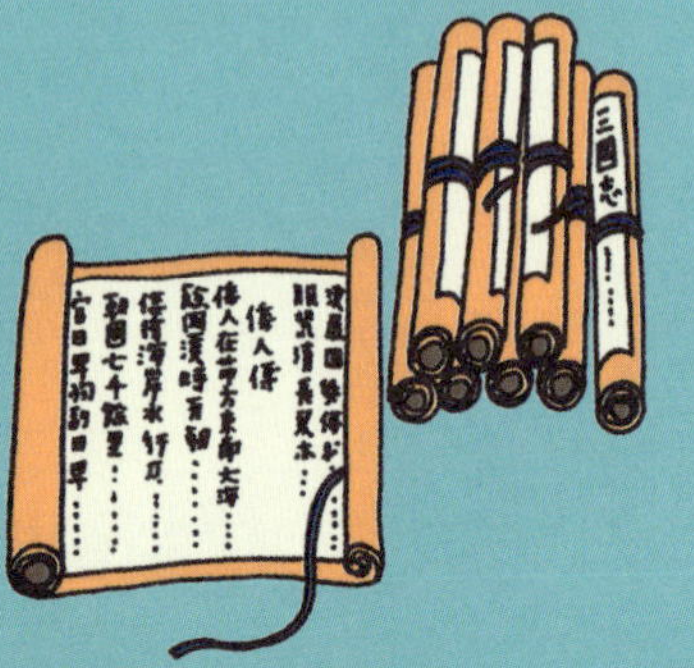

『三国志』全65巻　第30巻
「烏丸鮮卑東夷伝《うがんせんびとういでん》」の中に倭人条がある

知られざる弥生ライフ

5章

続縄文時代と貝塚時代

続縄文時代とは

Q 弥生時代、北海道では米作りはしていなかったってホント？

弥生時代に九州と四国と本州に広がった水田稲作の技術は、津軽海峡を渡ることはありませんでした。北海道に米作りは上陸しなかったのです。

　弥生文化の定義のひとつに「水田稲作を行っていること」というものがありますから、「北海道には弥生時代がなかった」ということになります。

　では、北海道を中心に、縄文時代から引き継がれ、紀元前4世紀頃から紀元7世紀頃まで続いた時代を何と言うのか？　その期間を「続縄文《ぞくじょうもん》時代」と

続縄文時代
北海道の人々の暮らし

続縄文時代（紀元前４世紀頃～紀元７世紀頃）、北海道では漁撈や狩猟・採集中心の生活が営まれていたと考えられています。
参考：国立歴史民俗博物館・企画展示「新弥生紀行」

言います。

本州の弥生人たちが必死に米作りをしているのをよそ目に、北海道の人たちは縄文時代と変わらぬ生活をしていました。その理由として、気候が水田稲作には適さない、ということもあったようですが、それ以上に、水田稲作をする必要がなかったと言ったほうがいいかもしれません。

目の前に広がる海には、海獣（クジラやアザラシ）や大型の魚類（カジキマグロやオヒョウ）など、秋から冬には河にサケがうようよしているのですから、それを獲らないという理由はありません。

ちなみに、北海道で水田稲作が始まったのは1692年ごろとされています。

続縄文時代の遺物

Q 続縄文時代の遺跡からは、どんな遺物が見つかっているのですか？

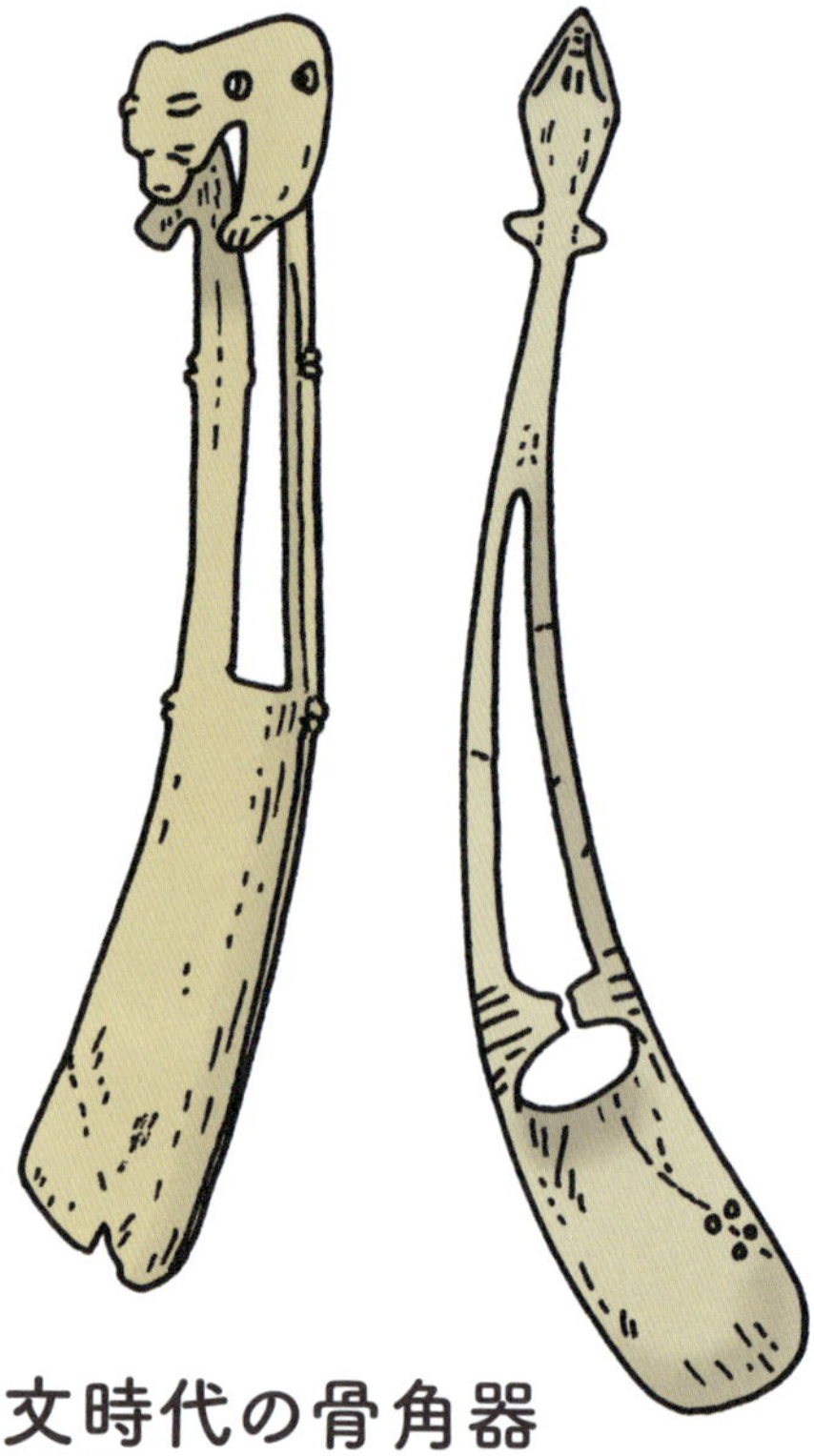

続縄文時代の骨角器

有珠《うす》モシリ遺跡（北海道伊達市）から出土した続縄文時代の骨角器。クマやクジラの彫刻を施したスプーン（上）、返しのある銛頭（右下）など、美しい装飾に当時の人々の精神世界が伺えます（→141ページ参照）

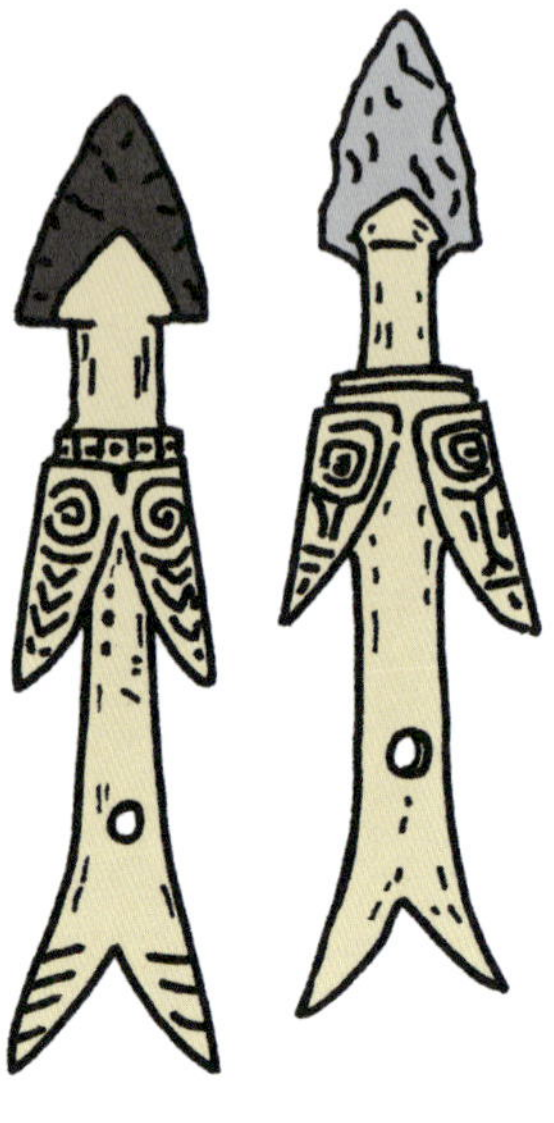

続縄文時代の遺跡から出土する遺物の中には、海獣や大型の魚類を獲るために作られた、機能美以上の美しさをもった漁具類が見つかっています。シカの角や骨で作られた銛や釣り針には、非常に美しい模様が施されたものもあります。

それらは漁の成功を願ったものなのでしょうか。はたまた仕留めた海獣が苦しまないように祈りを込めたものなのでしょうか。とても気になりますが、答えはわかりません。

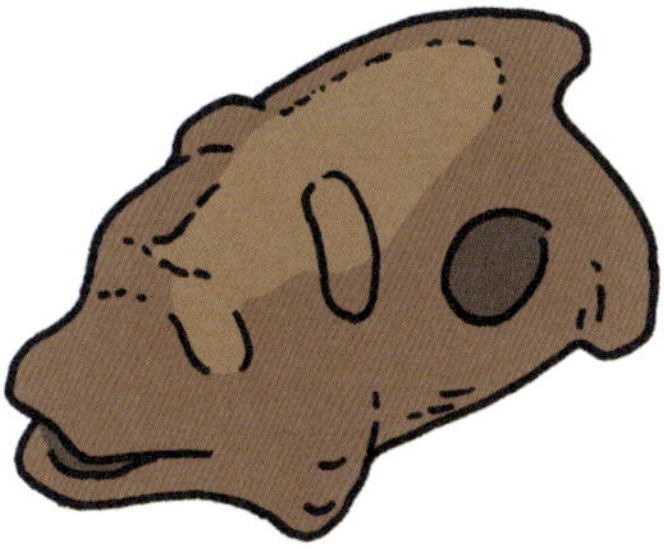

琥珀《こはく》の首飾り

常呂川河口《ところがわかこう》遺跡（北海道北見市）からは、琥珀玉を連ねた首飾りやガラス玉など豪華な装身具も見つかっています。琥珀はサハリンからもたらされた可能性が高いとされています。

クマの彫刻

礼文島で出土した海獣の骨でできたクマの頭をかたどった彫刻(上)。大きさは約３㎝で容器の装飾ではないかと見られます。また、滝《たき》里安《さとやす》井《い》遺跡（芦別市）からは墓の副葬品としてクマ型の石製品（下）などが見つかり、当時の文化を物語っています。

骨角器の中には、クマを立体的に彫った匙のようなものや、クマの像もあったりします。これらは副葬品として墓から見つかりました。中でも匙は、複数の子どもが埋葬された墓から見つかっていて、森の王者であるクマの強い力によって守護され、また、新たな命として再生して欲しいという親の願いが込められていたようにも思えます。

一方で、そのように貴重なものを子どもながらに埋葬される人がいるということは、当時、すでに社会の中で階層が生まれていた可能性も考えられます。

後に続縄文文化は、津軽海峡を渡って青森まで拡大します。稲作をやめて、再び狩猟・採集の生活に戻っていくのです（↓80ページ参照）。

貝塚時代とは

Q 貝塚時代って何ですか？

北海道と同じように、弥生時代には沖縄などの南西諸島でも水田稲作は行われませんでした。つまり、日本列島の北と南には水田稲作は広がらなかったということになります。

そもそも、沖縄諸島を中心とするこの地域には、「縄文時代」と呼ばれる時代がありません。本州や九州・四国などで縄文時代と呼ばれている時期を「貝塚時代前期」と言い、弥生時代の始まりから11世紀ごろまでを「貝塚時代後期」と言います。つまり、本州などとはまったく違う時代区分が適用されているのです。

では、そうした時期に、沖縄の人たちはどうやって暮らしていたのでしょうか。

彼らは海辺の砂丘の上などに竪穴住居を建てて住まいにし、サンゴ礁の内側に広がる内湾に棲息する魚介類を獲って食料にしていました。例えば、ウニや貝類、現在でも食べられているカラフルな魚や、時にはウミガメやジュゴンも食べていたようです。

もちろん、海で魚や海獣を獲るだけでなく、陸での狩猟も行われていました。その証に、遺跡からはリュウキュウイノシシという現在も沖縄諸島などに生息する小型のイノシシの骨が見つかっています。

実はそれ以外にも、彼らが生きて行くうえでとても重要な仕事がありました。それは、さまざまな貝製品を使って、九州の弥生人たちと交易をすることです。

では、南西諸島の人々と弥生人の間では、どのような交易が行われていたのか？　次の項でご紹介しましょう。

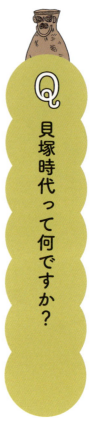

貝交易のやりとり

南西諸島から九州にわたった商人たちが、こんなふうに美しい貝を並べてセールスしていたのかもしれません。

貝塚時代後期の遺物

Q 南西諸島の人々と弥生人は、どんな交易をしていたのですか？

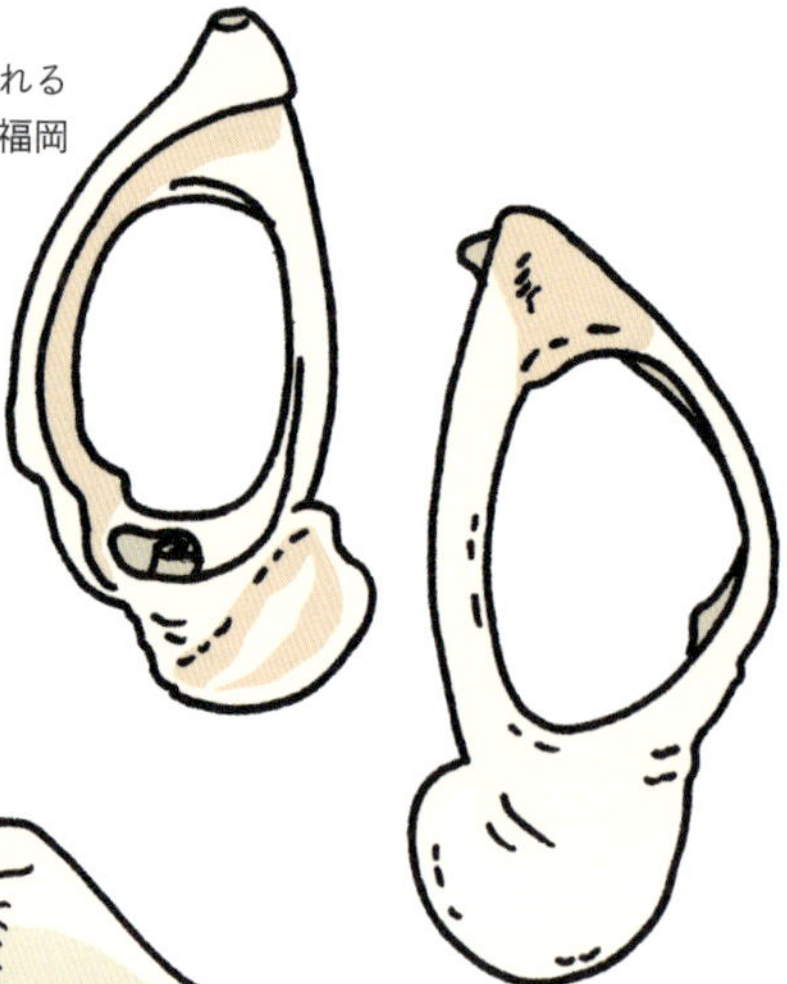

貝輪

男性用と思われる大型の腕輪（福岡県金隈遺跡）

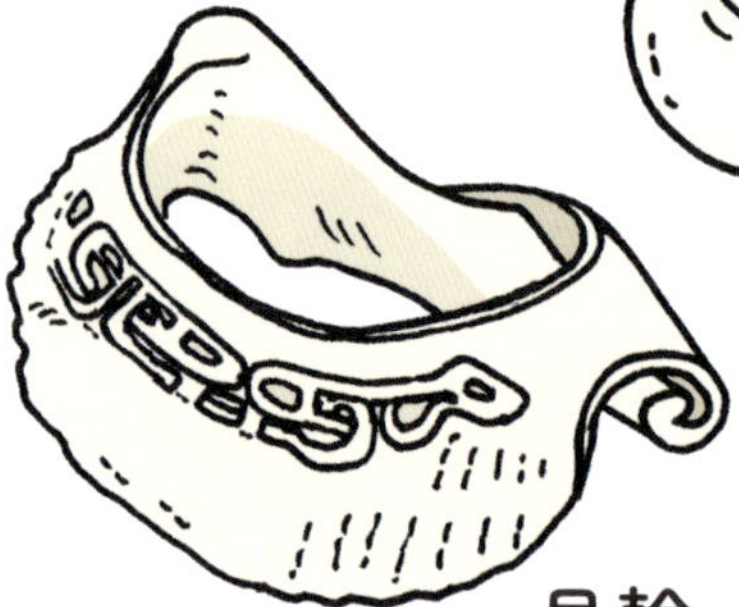

貝輪

複雑な文様が施されています。（鹿児島県種子島広田遺跡）

沖縄から遠く離れた場所にある縄文時代の遺跡から、南西諸島産の貝輪が見つかることがたびたびあります。真っ白でつるつるした滑らかな感触、そしてキラキラと光り輝く美しい貝輪に、縄文人は心惹かれたのでしょう。

また、遠路はるばるやってきた、そんな貴重なものを身につけることで、社会的な地位を誇示する道具（威信財《いしんざい》）になっていたとも考えられます。

それは弥生時代になっても変わりませんでした。大量の貝と引き換えに、自分たちの暮らしに必要なものを沖縄の人々は手に入れたのです。その中には、九州産の絹、コメ、アワ、鉄製品、ガラスがありました。ガラスの中には大陸から九州に伝わってきたものもあったと言われています。

貝輪

イモガイで作られた貝輪は、九州の遺跡から多く出土しています。

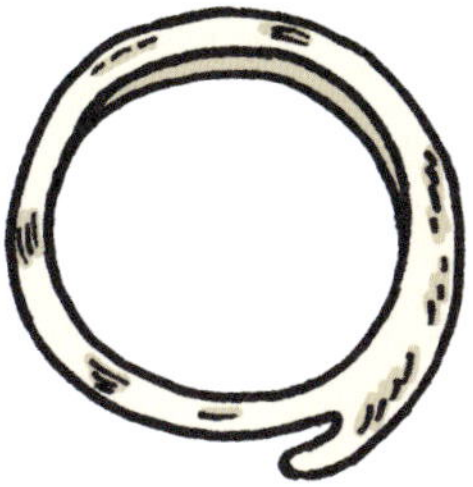

貝製品のアクセサリーいろいろ

南西諸島から遠く離れた本州の遺跡からも、貝製品のネックレスや指輪などの装飾品が見つかっています。(山口県土井ヶ浜遺跡)

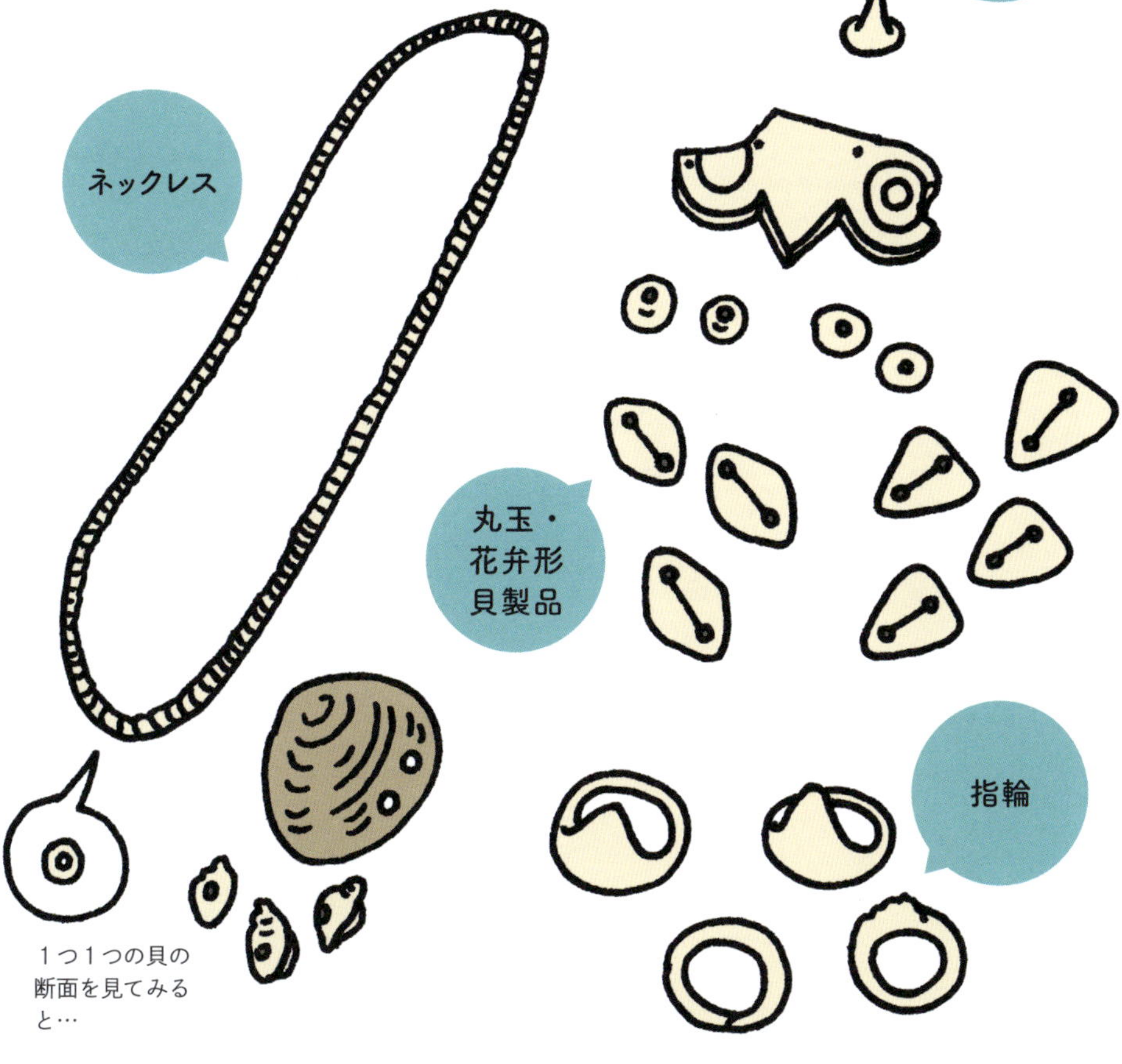

column

貝塚時代後期のお洒落アイテム「貝符《かいふ》」

鹿児島県種子島にある広田遺跡から見つかった「貝符」。広田遺跡からは、他にも大量の貝製品の副葬品が出土しています。

貝符は、板状に切ったイモ貝に装飾性の高い複雑な文様を施した南西諸島特有の遺物です。貝塚時代後期(弥生時代の始まりから11世紀頃まで)の遺跡から多く出土しており、装身具や孔のないものは埋葬などの儀礼に用いられたのではないかと考えられています。

貝符の形はさまざまで、中には小さな孔が開けられたものも見つかっています。その孔にひもを通し、おそらくお守りとして首からさげたり、衣服に縫いつけたり、アクセサリーとして胸につけたりしていたのでしょう。また、文様にもさまざまなタイプものが見られ、起源は中国大陸の青銅器に施された饕餮文（とうてつもん）という説もあります。

知られざる弥生ライフ

6章

卑弥呼と邪馬台国の謎

卑弥呼ってどんな人？

Q 邪馬台国の女王・卑弥呼って、どんな人だったんですか？

女王・卑弥呼《ひみこ》とは、どういう人物だったのか？　そして、邪馬台国《やまたいこく》はどこにあったのか？　今も多くの人を惹きつけてやまない謎ですが、まずはここでおさらいをしておきましょう。

どうしても「卑弥呼」「邪馬台国」という言葉が先に立ち、彼女の生きていた時代が弥生時代の終わり頃だった、ということを忘れがちになってはいないでしょうか。

ひとまず、邪馬台国の場所は一旦脇に置いて、卑弥呼とはどんな人だったのか、お話したいと思います。

卑弥呼についての情報は、『魏志倭人伝』からしか知ることはできません。そもそも、この書に「卑弥呼」と書かれていたことから、その存在が明らかになりました。『魏志倭人伝』には、弥生時代後半に倭国の中で大きな争い（倭《わ》国乱《こくらん》）があったことが書かれています。それを鎮めるために複数のクニグニがともに立てた女王が卑弥呼だったのです。

普段、彼女はひとりの男性を除いて、誰とも直接顔を合わせなかったようで、神託はこの男性に伝えられていました。この人物について詳しくはわかっていません。日頃は千人の侍女たちが、彼女の身の回りの世話をしていたようですが、それでも直接会えるのは限られた人たちだけだったようです。これほど限定された人にしか会わないのは、人に会うことによってまじないの力が衰えてしまうと考えたのか、それともミステリアスな存在として印象づけるための作戦だったのでしょうか。

真実はわかりませんが、歳はいくつぐらいなのか？　どんな顔をしていたのか？　想像すればするほど、本当に謎が多い女王であったことは間違いありません。

卑弥呼のご神託シーンは
たぶんこんな感じ

卑弥呼は女王であるとともに、神託を伝えるシャーマン（巫女）でもあったと考えられています。

卑弥呼の住まい

Q 卑弥呼はどんなところに住んでいたんですか？

真実を解き明かすのは非常に難しいのですが、日本で唯一、弥生時代を専門に扱った博物館である大阪府立弥生文化博物館の「卑弥呼の館」を参考にして、卑弥呼の暮らしを考えてみたいと思います。

倭国を束ねるほどいろんな意味で力を持った人物ですから、相当大きなムラで暮らしていたはずです。佐賀県の吉野ヶ里遺跡（↓98ページ参照）のように、ムラの周りには濠がはり巡らされ、入り口には見張りが立って厳重に

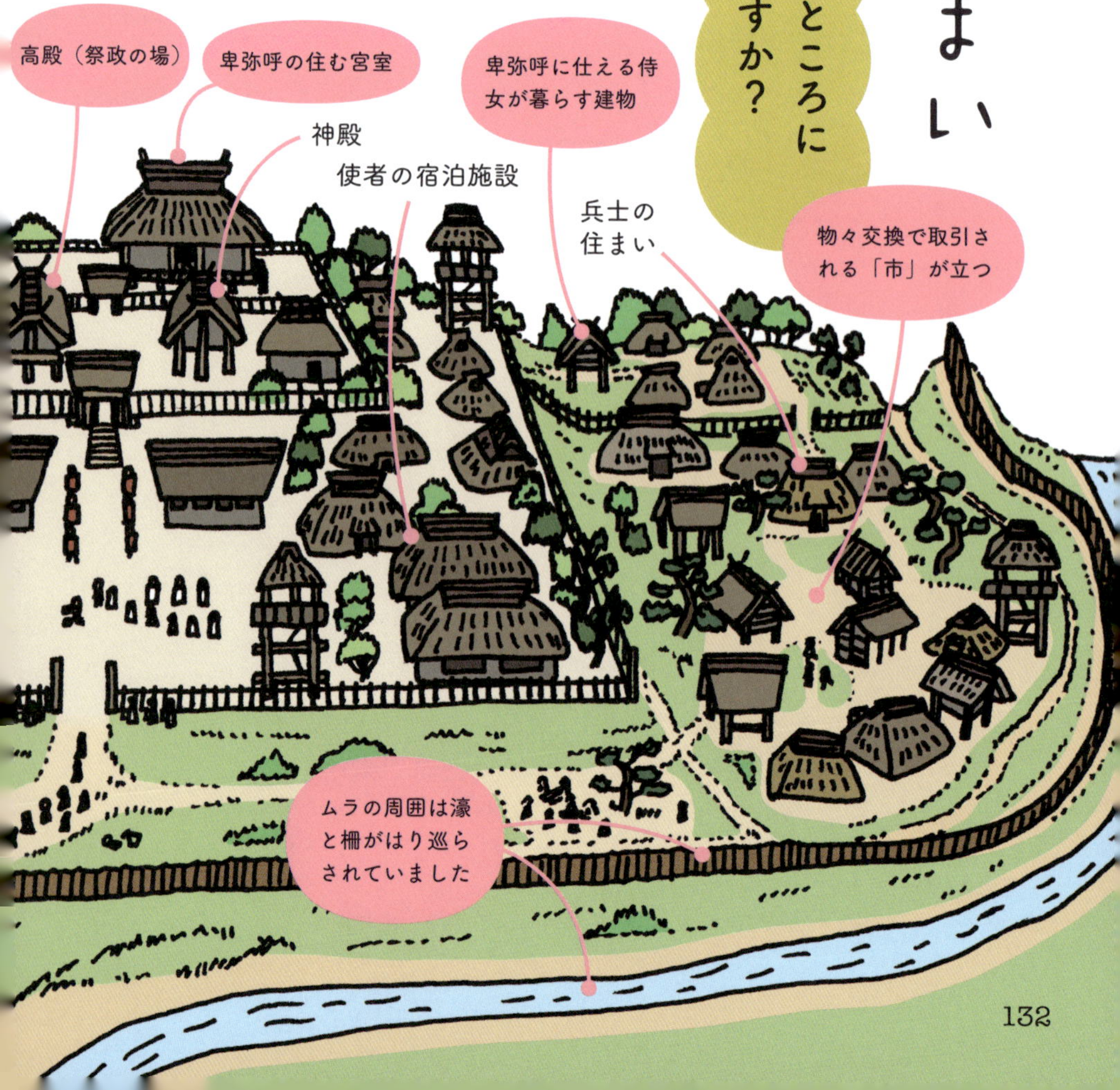

警戒。遠くからの侵入者を見つけるための物見櫓も建てられて、少し物々しい雰囲気があったかもしれません。

とはいえ、濠で囲われたムラの中には水田や畑はもちろんのこと、物々交換で取引される「市」があったり、珍しいところではブタが飼われていたり。また一画には青銅器や鉄器を造る工房もあったとされます。

卑弥呼はというと、政治を行ったり、治めているムラからの「租賦」(今でいう税金のようなもの)や他のクニからの貢物などが収められている高床式倉庫などが建ち並ぶムラの中央部に暮らしていたとか。そこには卑弥呼に仕える千人の侍女が暮らす建物があり、その奥の宮室と言われる住まいで時に銅鏡を使って鬼道を行い、ご神託という名の政《まつりごと》をしていたのかもしれません。

卑弥呼の暮らしを覗いてみよう

ムラの周りには濠がはり巡らされ、その中央部に卑弥呼が暮らし、神託を伝える建物があったとされています。
参考：大阪府立弥生文化博物館「卑弥呼の館」ジオラマ

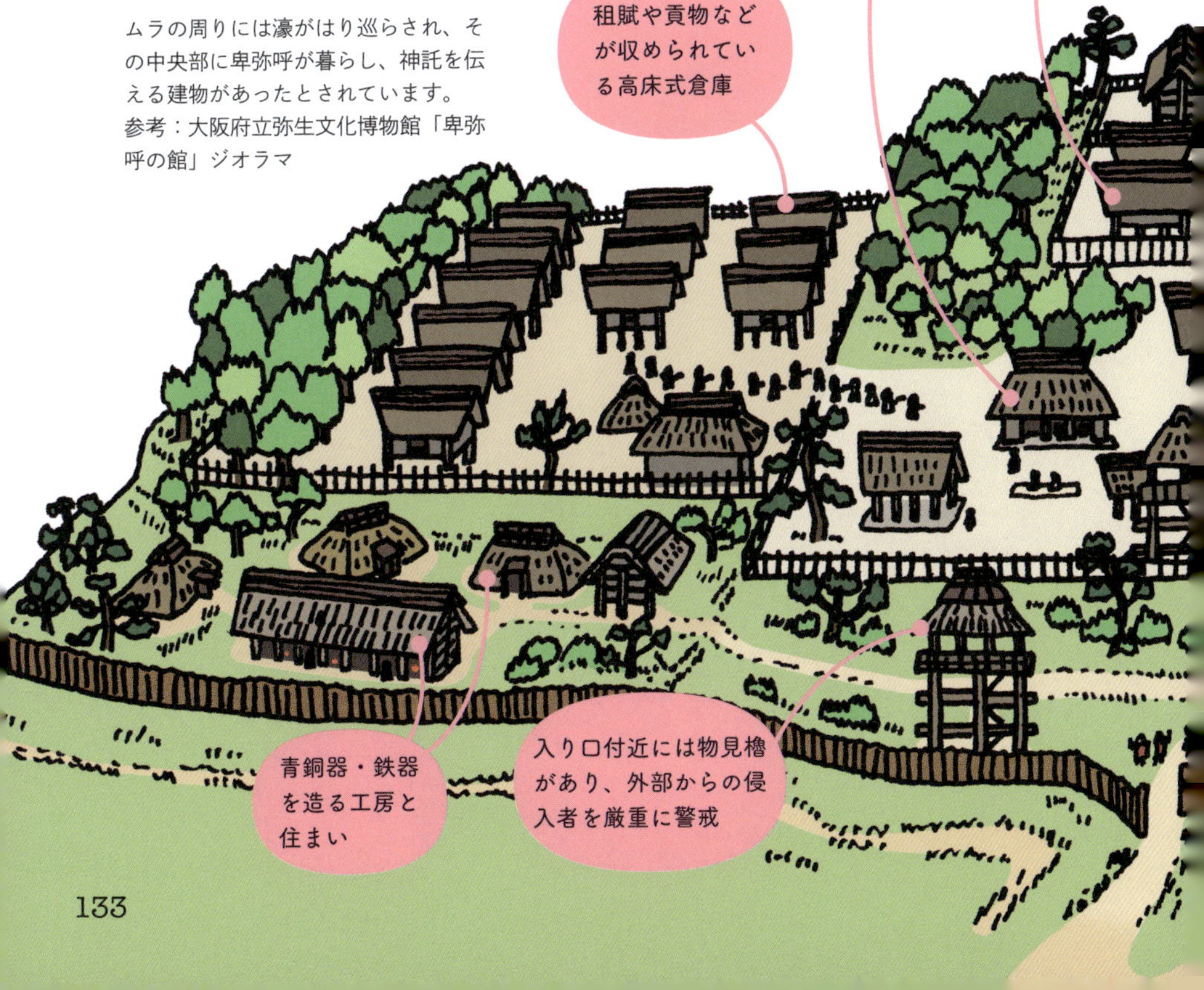

卑弥呼の食卓

Q 卑弥呼は普段、どんなものを食べていたんですか？

これも非常に難しいのですが、見つかった食べ物のゴミなどから、「こんなものを食べていたんじゃないか」という復元がなされています。大阪府立弥生文化博物館に展示されているものを見てみましょう。

主食は玄米にゼンマイやタケノコを混ぜ込んだ炊き込みご飯で、メインディッシュの鯛の塩焼きにはミョウガが添えられています。副菜はサトイモ、タケノコ、豚肉の炊き合わせ。汁物はハマグリとイイダコのワカメ汁で、他にもアワビの焼物、ショウサイフグの一夜干し、炒りエゴマ風味キビモチ、アワ団子のシソの実あえがあって、口直しの茹でワラビが卑弥呼の前に所狭しと並べられていたと推測されています。

当たり前ですが、一般人の食事に比

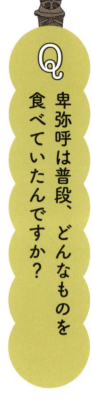

突撃！

卑弥呼のお食事

卑弥呼は毎日こんな豪華な食事をしていたのかもしれません。

べると品数は目をむくほど多く、何だか書いているだけでお腹がいっぱいになるほど豪勢なお膳だったようです。

ところで、それらの料理はどんな食器に盛られていたのでしょうか。見つかった弥生土器には、煮炊きに使う甕、食材貯蔵用の壺、その壺や甕の蓋、食べ物を盛る鉢や高杯《たかつき》があります。縄文時代とは明らかに違うものが高杯ですが、『魏志倭人伝』の中にも「飲食には籩豆《へんとう》（＊竹製と木製の高杯のこと）を用い、手づかみで食べる」と書かれていますから、高杯は一般的な食器だったということでしょう。

高杯に付いている高い脚はなぜなのでしょうか。それは、弥生時代には机や椅子がなく、食器を床に置いて食べていたのです。そのため、食べやすくするために高い脚が付けられました。

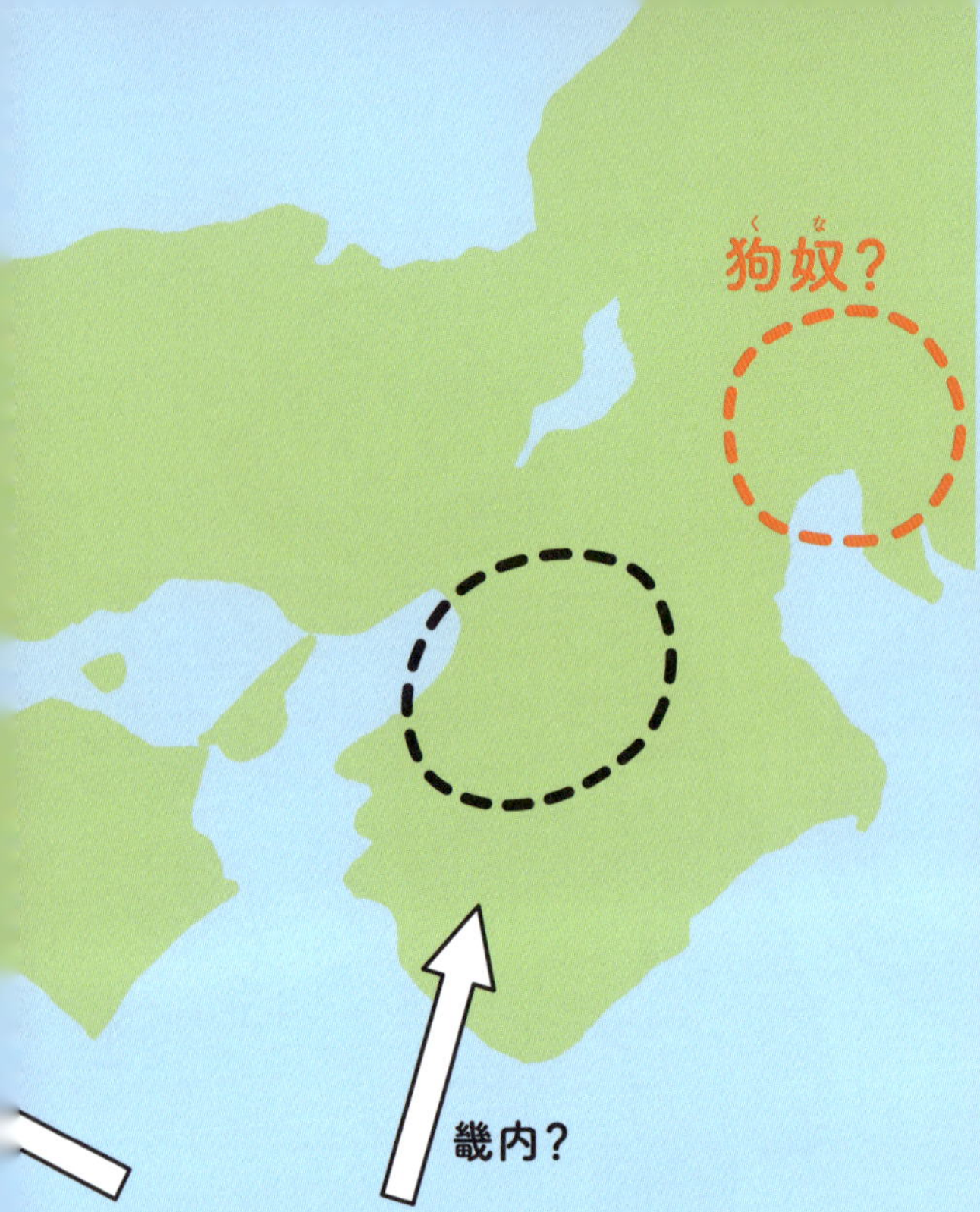

邪馬台国はどこ？

邪馬台国はどこにある？

Q　ズバリ、邪馬台国はどこにあったのでしょう？

卑弥呼が暮らした場所として、未だ大論争を巻き起こしている「邪馬台国論争」。邪馬台国があったのは北九州なのか、それとも畿内だったのかということで、研究者も考古学ファンもさまざまな論争を繰り広げています。

130ページでお話したように、卑弥呼は、弥生時代後半から勃発した「倭国乱」と言われる各地の勢力争いを鎮めた人物だとされています。

『魏志倭人伝』によると、彼女は鬼道と言われるまじないを操って人々の心を掌握し、いくつかの国を束ねる女王となりました。このいくつかの国とは、北部九州にあった、対馬国、一支国、末盧国、奴国、不弥国、伊都国ではないかとする研究者もいますが、意見の分かれるところです。

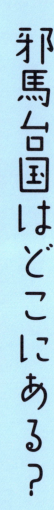

未だに人々の心を惹きつけてやまない卑弥呼。永遠に解けないまじないをかけられているような気がしてきますね。

Where is 邪馬台国？

弥生時代の末に、女王・卑弥呼がいた「邪馬台国」の場所については数多くの説があります。特に北九州説と畿内説が有力ですが、未だ結論は出ていません。

column
日本では弥生時代末期、女王・卑弥呼が邪馬台国を統治した
卑弥呼
AD230年頃
アメリカ大陸ではマヤ文明が栄え、ピラミッド型の巨大神殿などが建設された
マヤ文明の王
BC500年頃～

暮らす時代でした。その共和制時代、前44年に「ブルータス、お前もか」というフレーズで有名なカエサルが暗殺されます。同時期にエジプトでは絶世の美女と言われるクレオパトラ女王が活躍。クレオパトラの死後、およそ30年後にキリストが誕生。弥生時代中期と言われる頃のことです。その二百数十年後の中国では、魏・蜀・呉が争う三国時代に突入。その魏に遣いを送ったのが卑弥呼でした。

こうしてみると、日本列島以上に、世界は争いと統合の混沌とした状況だったことがわかります。

ローマ帝国では共和制が始まり、紀元前44年に英雄カエサルが暗殺された
BC50年頃
カエサル
紀元前後１世紀頃、イスラエルの地にイエス・キリストが誕生
AD１年頃
キリスト
前221年、秦の始皇帝が初めて中国を統治。万里の長城の建設が始まる
始皇帝
BC220年頃
BC250年頃
アショーカ王
インドはマウリヤ朝の時代。アショーカ王が初めてインドを統一し、仏教を保護した
BC40年頃
クレオパトラ
古代エジプトではプトレマイオス王朝の時代。女王クレオパトラが統治した
曹丕
劉備
孫権
AD250年頃
３世紀頃の中国は魏・蜀・呉の三国が覇権を争う三国時代に突入

日本は弥生時代　その頃、世界では…

弥生時代のおよそ1000年間に、世界ではどんなことがあったのでしょうか？　ここではイエス・キリストが生まれた紀元前後１世紀を中心に見ていきたいと思います。

まずは、お隣中国では、前221年に秦の始皇帝が国を統治します。同じ頃、インドではアショーカ王によって、ダルマと言われる法により統治が始まりました。そのもっと西。ローマでは共和制が始まっており、支配階層の存在はもちろん、裕福な市民とそうでない市民、また、戦争奴隷の流入などさまざまな立場の人がとってもカラフル!

弥生時代の小さくてかわいいもの

弥生時代の遺跡から発掘された遺物の中にも、かわいらしい遺物がたくさんあります。

眠いのか、はたまた祈っているのかなんとも言えない表情が魅力的な木偶。

木偶

滋賀県近江八幡市
大中の湖南遺跡出土
安土城考古博物館蔵

魚形木製品
(重要文化財)

石川県小松市
八日市地方遺跡出土
小松市埋蔵文化財センター蔵

とても美しいガラス釧。
有力者の副葬品として
埋葬されていた。

ガラス釧《くしろ》

京都府与謝野町大風呂南1号墓出土
与謝野町教育委員会蔵

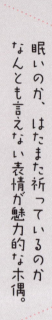

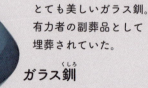

黒曜石でできたクマ？のような石偶。まるで立ち上がったクマのような姿が印象的。

ボクはクマ…？
それともヒト…？

黒曜石偶

北海道江別市高砂遺跡出土
江別市郷土資料館蔵

魚をかたどったとても珍しい木製品。

「ダツ」がモデルだよ！

鹿の角を使ったスプーン。スプーンの持ち手？側に添えられたクマの意匠が心をくすぐる。

こちらも、鹿の角でできている。漁の際に獲物をしとめる銛だったと考えられている。

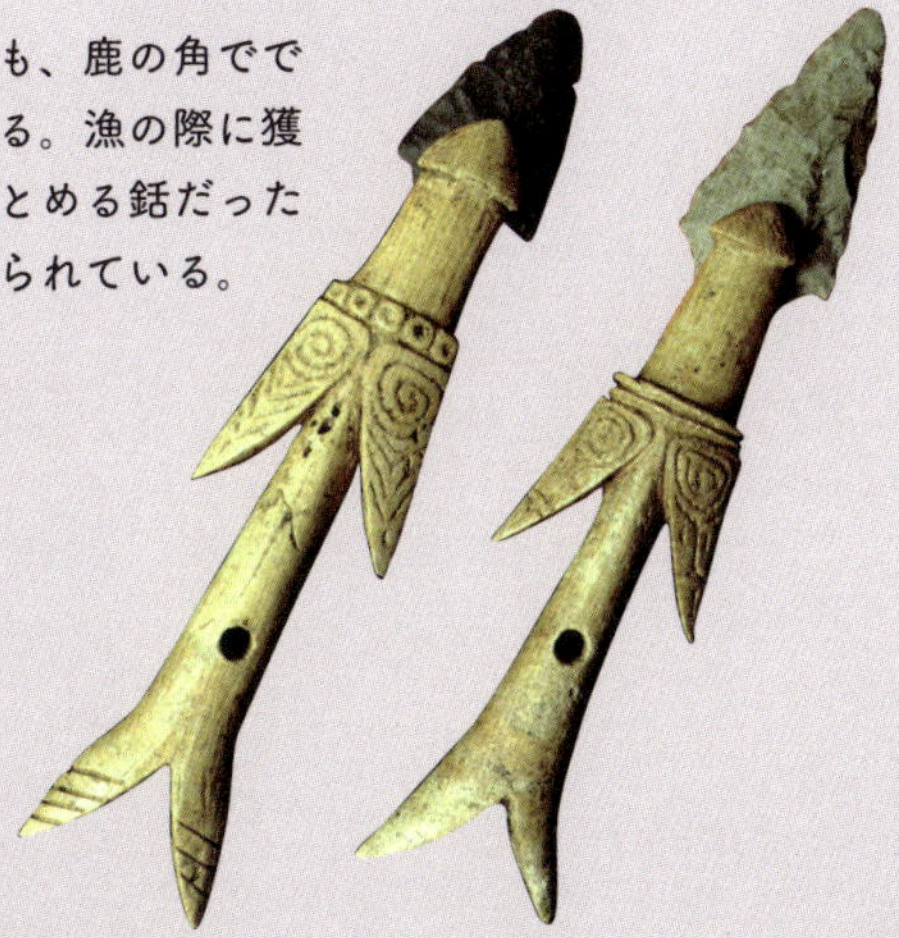

動物意匠付
骨角器（上）、**銛《もり》**（右）

北海道伊達市有珠モシリ遺跡出土
文化庁蔵
写真提供：北海道伊達市教育委員会

ユニークな人面もたくさん！

悩みがあるなら言ってごらん

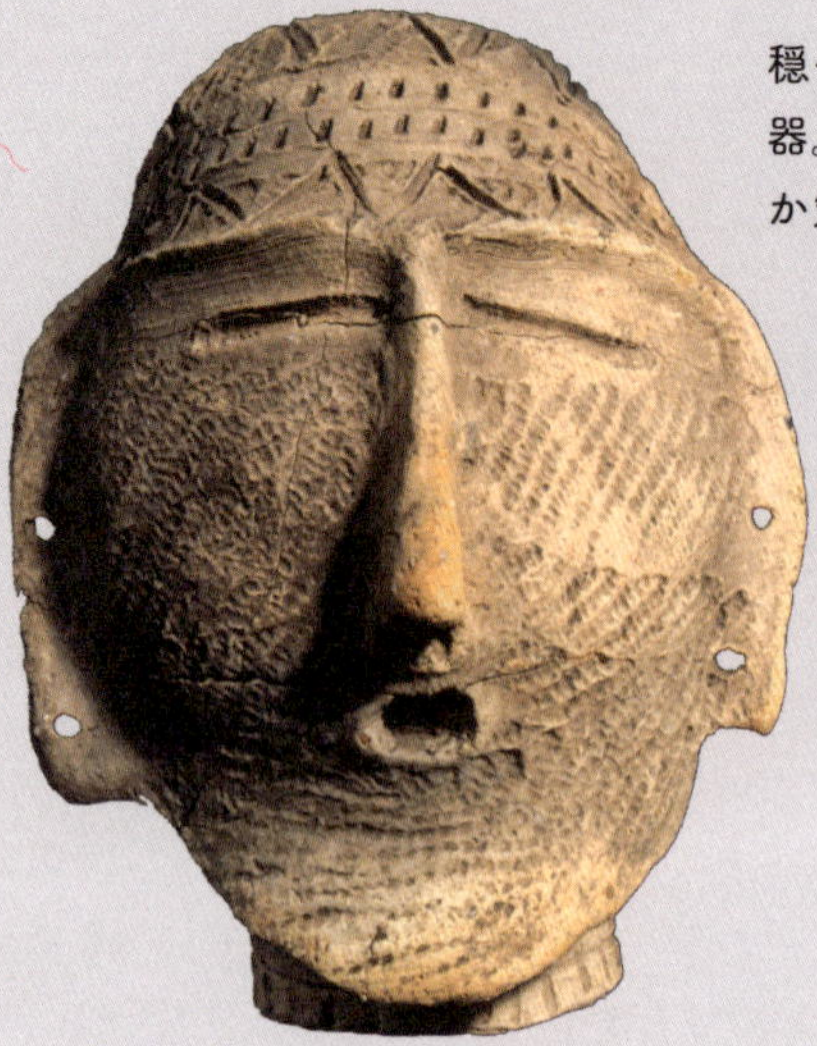

穏やかな顔をあしらった土器。何に使われた土器なのか気になる。

人面付土器

栃木県栃木市大塚古墳群出土
栃木県教育委員会蔵

おとぼけ顔が最高にキュートな人面石です。
お守りだったのか、何かの練習に作ったものなのか、真相はわかりませんが、可愛らしい石ですね。

現代のゆるいキャラクターを彷彿するようなゆるさが印象的な絵画土器。

線刻土器

岡山県岡山市足守川加茂A遺跡出土
岡山県古代吉備文化財センター蔵

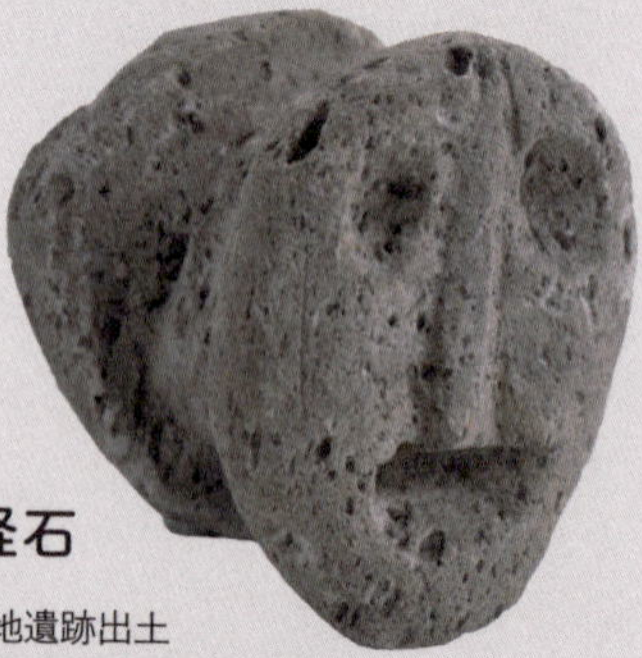

人面軽石

青谷上寺地遺跡出土
鳥取県埋蔵文化財センター蔵
(写真提供：鳥取県埋蔵文化財センター)

鳥装をした巫女と思わしき人物が描かれています。
この絵と同じように、巫女たちは豊穣を運ぶ鳥の姿をかたどって儀式に望んでたのかもしれませんね。

絵画土器の破片

清水風遺跡出土
奈良県立橿原考古学研究所附属博物館蔵

column

弥生時代のイヌとネコ

縄文時代に生きたイヌを「縄文犬」、弥生時代に生きたイヌを「弥生犬」と言って区別しています。特徴にもわずかに違いがあり、縄文犬は体高30センチから40センチと小柄だったようで、対して弥生犬は体高が45センチ前後と縄文犬よりも大きく、額から鼻にかけての窪みがややきつかったとか。弥生犬は渡来人と共に海を渡り、日本列島で暮らし始めたと考えられています。

さらに面白いことがわかっています。縄文時代と弥生時代では、イヌの扱いがガラッと変わってしまうのです。縄文時代のお墓からは、人と共に埋葬された縄文犬の骨が見つかるなど、「狩猟の相棒」として大切にされていた様子が伺えます。ところが弥生時代になると、イヌの埋葬事例はなくなり、骨が散乱した状態で見つかることが多いのです。よく見ると骨には刃物の傷も……どうやら弥生犬は人間に食べられていたようなのです。

イヌが特別な食べ物だったのか、それとも日常的な食料として食べられていたのか。いずれにしても、同じイヌでも時代が変わると（と言っても、文化が変わっているのですが）、こうも変わるのかと驚いてしまいます。イヌ、受難の時代突入！と言っていいでしょう。

では、ネコはどうだったかと言えば、長崎県の壱岐島にあるカラカミ遺跡から、イエネコの骨が見つかっています。弥生時代の高床式倉庫にはネズミ返しが付いているぐらいですから、コメを守る「番猫」として活躍したのかもしれませんね。

弥生土器あれこれ

縄文時代に比べて短い時期でありながら、全国各地からさまざまな弥生土器が出土しています。その数はとても多く、地域差も大きいものです。ここでは、そんな弥生土器をいくつかご紹介していきます。

弥生はここから始まった!? 弥生土器第1号はこれだ！

でも実は縁の部分に「縄文」がつけられています。

冒頭でも紹介した、1884年に見つかった土器。この土器の発見から、弥生時代の名前がつきました。丸みを帯びたフォルムが魅力的。（写真提供/東京大学総合研究博物館）

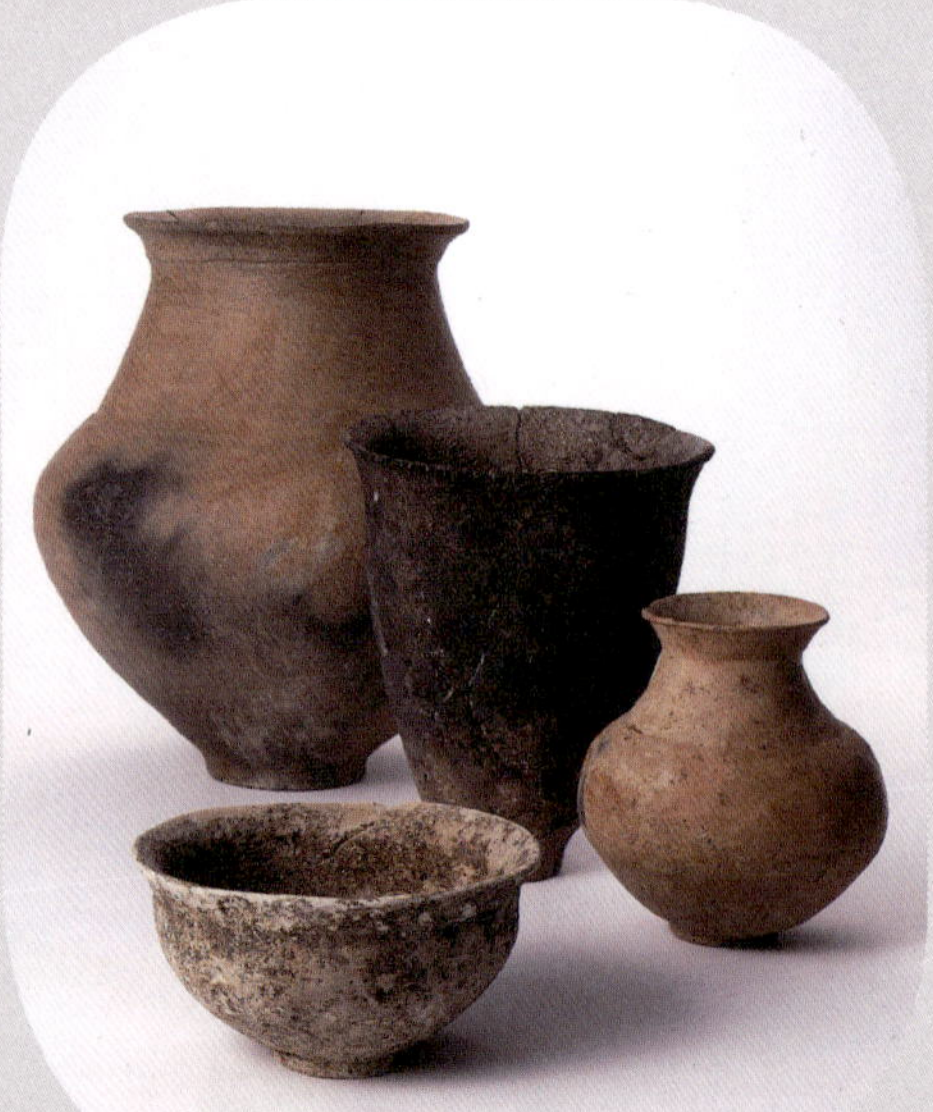

弥生時代の初め頃に作られたものです。
縄文土器に見られた縄文や装飾のない、いたってシンプルな美しさが際立ちます。
「弥生土器」と聞いてイメージする土器と近いのではないでしょうか。

板付Ⅰ式土器

福岡県板付遺跡出土
福岡県埋蔵文化財センター蔵

「弥生」土器なのに「縄文」!?

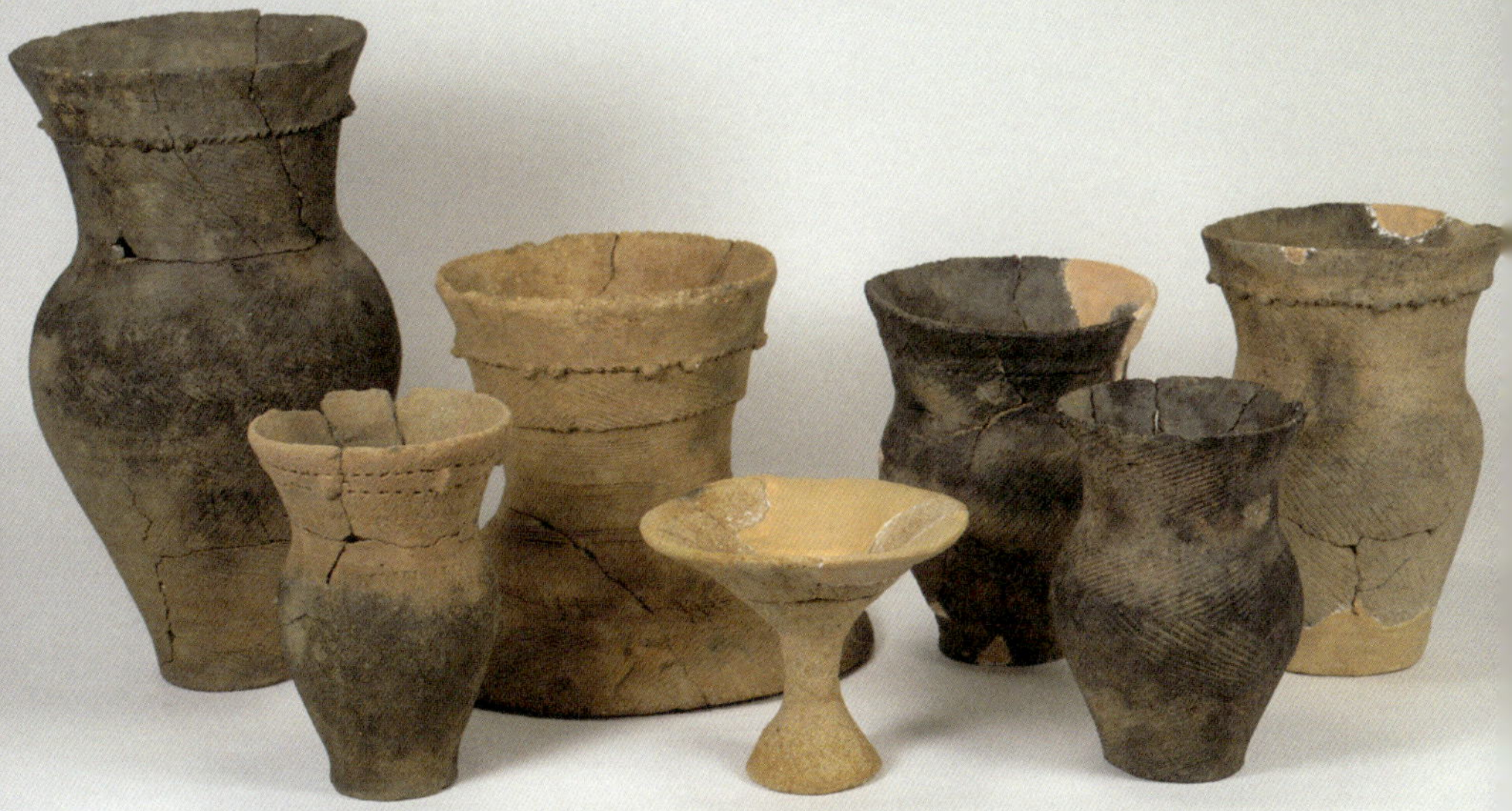

弥生時代後期の遺跡にもかかわらず、見事な縄目が施された土器が見つかっています。何かの祈りを込めていたのか、伝統として守り続けていたのか、理由はわかりませんが、「縄文」は私たちが思っている以上に意味のあるものだったのかもしれません。

弥生土器

茨城県土浦市原田遺跡群出土
上高津貝塚ふるさと歴史の広場蔵

箱清水式土器

長野県神楽橋遺跡出土
長野市埋蔵文化財センター蔵

赤く塗られた美しい弥生土器。

箱清水式土器

長野県北長野貨物駅遺跡出土
長野市埋蔵文化財センター蔵

水玉が目を引くかわいい土器。どんな目的でこの模様をつけたのだろう。

赤黒斑紋付パレス壺

愛知県清須市朝日遺跡出土
愛知県埋蔵文化財センター蔵

繊細なつくりが光る。現代にもありそうなデザイン。

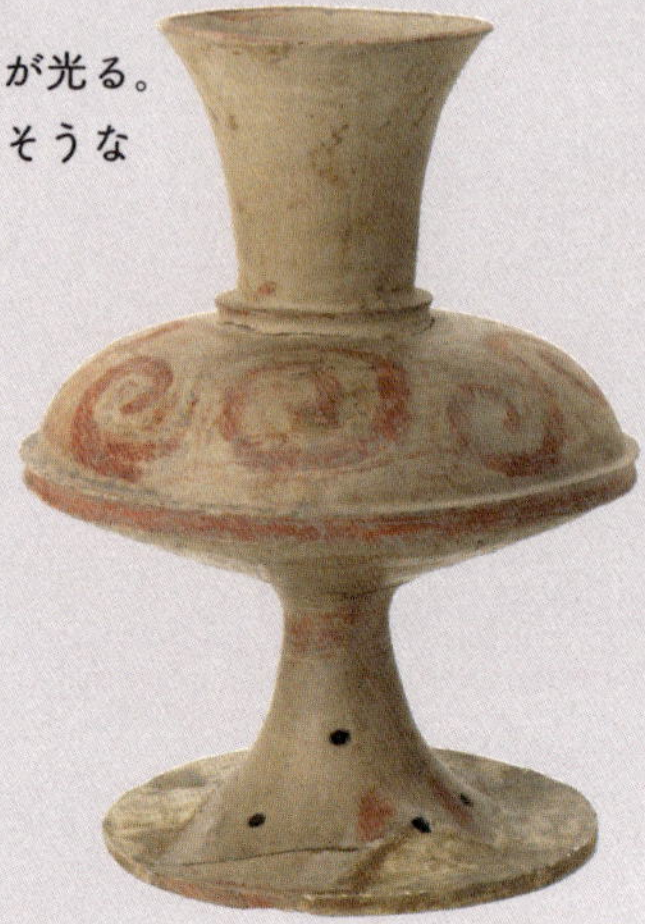

彩文土器

岡山県岡山市百間川原尾島遺跡出土
岡山県古代吉備文化財センター蔵

赤彩土器。並んだ姿は圧巻の一言。

愛知県清須市朝日遺跡出土
愛知県教育委員会蔵

弥生土器の形

壺

首が細くて長い。穀物や液体などを保存・貯蔵するのに使用されていました。

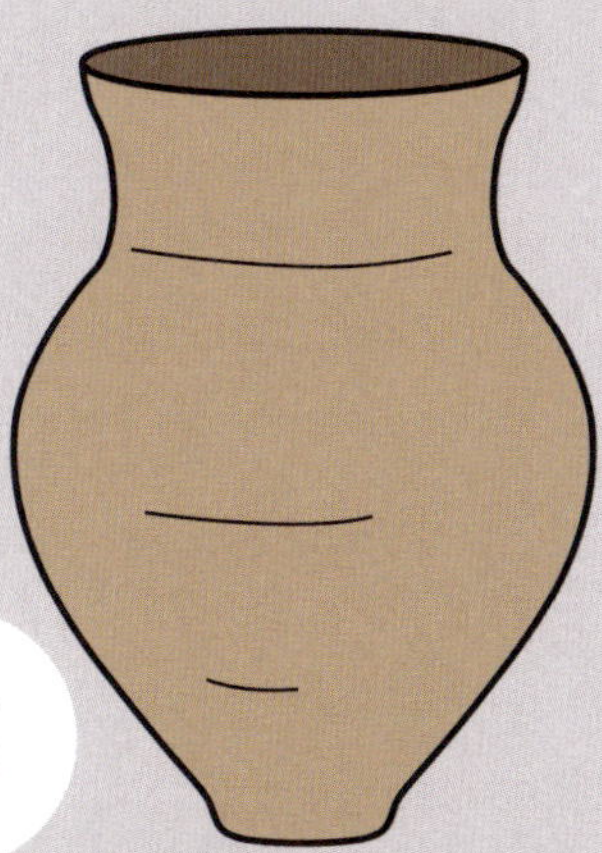

甕

口が大きく開いて深い。縄文時代の深鉢土器と同じように、食べ物の煮炊きに使われていました。

高坏

食べ物を盛り付けて食べていました。床に座って食べやすいように、高い足がついています。

鉢

大型のものは盛り付け用などに、小型のものはコップのようにして使っていたのかもしれません。

エピローグ

弥生から古墳へ

漢の皇帝から金印を授かった「倭の奴国の王」

紀元前1世紀ごろの列島の様子を、中国の歴史書「『漢書《かんじょ》』地理志《ちりし》」は、こう書いています。

「夫《そ》れ楽浪《らくろう》海中に倭人《わじん》有り。分れて百余国と為る。歳時を以て来り献見すと云ふ」

これはどういうことかというと、「倭は百余国が分立し、なかには漢に朝貢する国もあった」と。つまり、その頃の列島には「クニ」と言われるほど政治的なまとまりをもった集団が100以上もあり、それぞれの地域で自治を行っていた、ということになります。その大きくなっていく様は、1章の「支配するもの、されるもの」(↓42ページ参照)でも紹介しました。

時代は下り、各地方では戦いが繰り広げられ、統合が進んでいきます。また、列島内で覇権争いをするだけでなく、大陸との関係から自らの地位を確保しようとする王も出現。「『後漢書』東夷伝」にはこんな記録が残されていました。

「建武中元《けんむちゅうげん》二年(紀元57年)、倭《わ》の奴国《なこく》、貢を奉じて朝賀す。(中略)光武《こうぶ》、賜《たま》ふに印綬《いんじゅ》を以《もっ》てす」

倭の奴国の王が後漢に朝貢し、後漢の王である光武帝から、倭国の王だと認められた印を授かった、ということ。有名な金印は、こうして列島にもたらされました。

強大な勢力を誇った奴国

ところで、この金印を授かった奴国の中心地ではないかと言われているのが、4章「弥生遺跡探訪」でもご紹介した、福岡県の須玖岡本遺跡（↓102ページ参照）です。

金印を授かったとされる王の数代前の王の棺の中には、中国鏡30数枚、武器形青銅器（銅矛、銅剣、銅戈）が10振以上、ガラス璧、ガラス勾玉、ガラス管玉など、目が眩むほどの副葬品があったと言います。つまり、金印を授かる前から、奴国は強大な勢力を持ち、大陸と交流していたことが、この副葬品を見るだけでもわかるのです。

金印

金印は一辺約 2.3 センチ、重さ約108 グラムの純金製。印面に「漢委奴国王」の五文字が刻まれていることから、漢の皇帝が奴国王に与えた印であることがわかります。これは江戸時代に、博多湾の志賀島（しかのしま）で農作業中に偶然発見されたと伝えられています。1954 年（昭和 29 年）、国宝（金印〈印文「漢委奴國王」〉）に指定されました。

墳墓から読み解く社会の移り変わり

須玖岡本遺跡にある王が眠る場所から北西一帯では、王ほどではないにしろ、数点の副葬品と共に30人以上が眠っていると推定される土坑墓群が見つかりました。この地は2ｍほど土が盛り上げられていて、「墳丘墓」だったこともわかっています。ここに埋葬されたのは、王の次に力を持った人々で、王族たちが眠る場所なのだと言われています。

そしてもうひとつ、王と王族が眠る場所の南から南東に広がる場所に「甕棺墓群」がありました。そこから副葬品は見つかっていませんが、２００名を超える人々が眠る集団墓だったのです。そこには奴国王を支えた一般の人々が埋葬されたと考えられています。

このようにお墓だけを見ても、須玖岡本集団の中には、社会的な階層があることがわかります。お墓というのは、如実にその社会や集団を映し出します。身分によって副葬品の違いはもちろん、埋葬される場所や、お墓の形も変わるのです。

権力の象徴・墳丘墓から前方後円墳へ

2章の「移り変わるお墓のスタイル」（↓68ページ参照）では、弥生時代のさまざまなお墓についてご紹介しました。

地方や時代などによって違いはありますが、大きな特徴として弥生時代には、特別なひとり、つまりその集団を支配した、たったひとりのために、多くの人々が時間と労力をつぎ込んで作り上げる、特別なお墓作りが始まったということが挙げられます。これが「墳丘墓」であり、その先の「前方後円墳《ぜんぽうこうえんふん》」へと続く源流となるものです。

卑弥呼が眠る墓だとも言われる奈良県の箸墓《はしはか》古墳は、最古の前方後円墳です。このお墓は、卑弥呼が生きている時から作られ始めたと考えられています。

いったい卑弥呼はどんな気持ちで、自分の墓の築造を眺めていたのでしょうか。そしてその後、古墳時代に続々と作られていく巨大古墳に埋葬される権力者たちは、何を思ってそれらを作らせたのでしょうか。

水田稲作を基礎に作り上げられた弥生時代の社会は、縄文時代とはまったく違う社会秩序を作り出しました。争いや身分の差、持てるものと持たざるものという貧富の差がハッキリと生まれたのがこの時代です。

こうして農耕社会がもたらした強大なパワーに飲み込まれ、やがて列島に原始的な国家が誕生したのです。

巨大墳墓の築造（想像図）

弥生時代の終わり、古墳時代の始まり。この頃には巨大な墳墓が築造されるようになりました。邪馬台国の女王・卑弥呼も、こんなふうに自分のお墓が作られる様子を眺めていたのかもしれません。

垂柳遺跡
青森
秋田
岩手
八日市地方遺跡
山形
宮城
新潟
福島
石川
富山
群馬
栃木
福井
長野
岐阜
埼玉
茨城
山梨
東京
神奈川
大塚・歳勝土遺跡
愛知
静岡
千葉
登呂遺跡
朝日遺跡

弥生時代の主要な遺跡

弥生時代を知るために欠かせない主要な遺跡をピックアップ！
近所の遺跡へ GO！

須玖岡本遺跡
（春日市奴国の丘歴史資料館）
福岡県春日市岡本3-57

吉野ヶ里遺跡
（吉野ヶ里歴史公園）
佐賀県神埼郡吉野ヶ里町田手1843

菜畑遺跡
（末盧館）
佐賀県唐津市菜畑3359-2

原の辻遺跡
（壱岐市立一支国博物館）
長崎県壱岐市芦辺町深江鶴亀触515-1

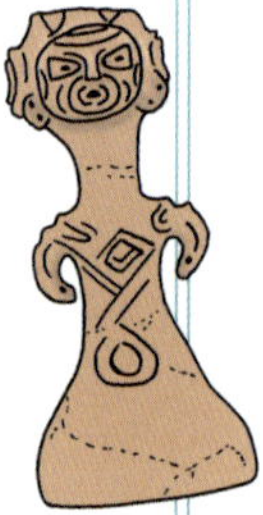

写真提供・取材協力一覧（50音順・敬称略）

愛知県教育委員会
愛知県埋蔵文化財センター
石川県小松市埋蔵文化財センター
板付遺跡弥生館
茨城県土浦市教育委員会
大阪府高槻市教育委員会
大阪府立弥生文化博物館
岡山県古代吉備文化財センター
上高津貝塚ふるさと歴史の広場
京都府与謝野町教育委員会
荒神谷博物館
埼玉県立さきたま史跡の博物館
佐賀県文化課
滋賀県立安土城考古博物館
須玖岡本遺跡
東京大学総合研究博物館
栃木県教育委員会
鳥取県鳥取市青谷上寺地遺跡展示館
鳥取県埋蔵文化財センター
鳥取県立むきばんだ史跡公園
鳥取県米子市経済部文化観光局文化振興課
長崎県平戸市文化観光商工部文化交流課
長野市埋蔵文化財センター
奈良県立橿原考古学研究所
福岡県福岡市教育委員会
福岡県福岡市埋蔵文化財センター
北海道江別市郷土資料館
北海道伊達市教育委員会
山口県下関市教育委員会
山口県土井ヶ浜遺跡・人類学ミュージアム
吉野ヶ里歴史公園

弥生時代の主要な遺跡

垂柳遺跡
青森県南津軽郡田舎館村垂柳

八日市地方遺跡
石川県小松市

大塚・歳勝土遺跡
（横浜市歴史博物館）
神奈川県横浜市都筑区大棚西１

登呂遺跡
（静岡市立登呂博物館）
静岡市駿河区登呂5-10-5

朝日遺跡
（愛知県清洲貝殻山貝塚資料館）
愛知県清須市朝日貝塚１

唐古・鍵遺跡
（唐古・鍵史跡公園）
奈良県磯城郡田原本町唐古50-2

纒向遺跡
奈良県桜井市

池上曽根遺跡
（大阪府立弥生文化博物館）
大阪府和泉市池上町4-8-27

東奈良遺跡
（茨木市文化財資料館）
大阪府茨木市東奈良３丁目12－18

田村遺跡群
高知県南国市田村

楯築遺跡
岡山県倉敷市

青谷上寺地遺跡
（鳥取市青谷上寺地遺跡展示館）
鳥取県鳥取市青谷町青谷4064

妻木晩田遺跡
（鳥取県立むきばんだ史跡公園）
鳥取県西伯郡大山町妻木1115-4

加茂岩倉遺跡
（加茂岩倉遺跡ガイダンス）
島根県雲南市加茂町岩倉837-24

荒神谷遺跡
（荒神谷博物館）
島根県出雲市斐川町神庭873-8

土井ヶ浜遺跡
（土井ヶ浜遺跡・人類学ミュージアム）
山口県下関市豊北町神田上891-8

板付遺跡
（板付弥生館）
福岡県福岡市博多区板付2丁目、3丁目

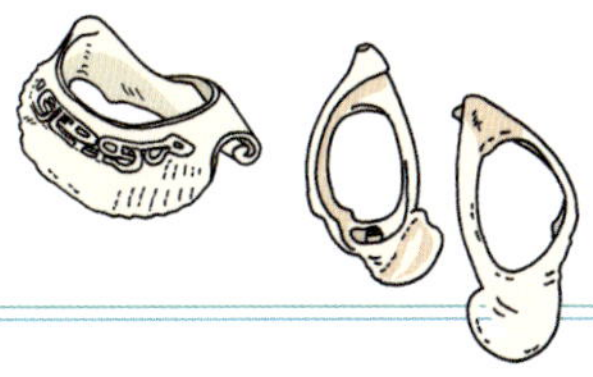

武末純一、森岡秀人、設楽博己 『列島の考古学　弥生時代』（河出書房新社　2011）

森　浩一、杉本憲司、徐　光輝ほか 『海でつながる倭と中国―邪馬台国の周辺世界』（新泉社　2013）

山川出版社『解説　日本史図録　第６版』（山川出版社　2013）

国立歴史民俗博物館『国立歴史民俗博物館企画展示　弥生って何?!』（国立歴史民俗博物館　2014）

藤尾慎一郎『弥生時代の歴史』（講談社現代新書　2015）

斎藤成也『日本列島人の歴史』（岩波ジュニア新書　2015）

藤尾慎一郎『弥生時代ってどんな時代だったのか？』（国立歴史民俗博物館『国立歴史民俗博物館研究叢書 1』　2017）

奈良県橿原考古学研究所附属博物館『平成 29 年春季特別展　唐子・鍵遺跡発掘 80 周年記念　新作発見！弥生絵画 - 人・動物・風景 -』（奈良県橿原考古学研究所附属博物館　2017）

大田区立郷土博物館『平成 28 年度特別展　土器から見た大田区の弥生時代』（大田区立郷土博物館　2017）

鳥取県埋蔵文化財センター『とっとり弥生の王国 2017Spring 特集　倭人の食卓』（鳥取県埋蔵文化財センター　2017）

国立歴史民俗博物館『歴博国際シンポジウム　再考！縄文と弥生』（国立歴史民俗博物館　2017）

横浜市歴史博物館『横浜歴史博物館　平成 29 年度企画展　横浜に稲作がやってきた！？』（横浜市歴史博物館　2017）

大阪府立弥生文化博物館『弥生博のカイトとリュウさん』（大阪府立弥生文化博物館　2017）

大阪府立弥生文化博物館『大阪府立弥生文化博物館　平成 30 年度夏季特別展　弥生のマツリを探る　祈りのイメージと祭場』（大阪府立弥生文化博物館　2018）

参考・引用文献

酒井龍一『歴史発掘６　弥生の世界』（講談社　1977）

岩永省三『歴史発掘７　金属器登場』（講談社　1977）

工楽善通『日本の原始美術　３　弥生土器』（講談社　1979）

町田　章『日本の原始美術　９　装身具』（講談社　1979）

奈良県橿原考古学研究所附属博物館『シンポジウム　弥生人の四季』（六興出版　1987）

下條信行『古代史復元４　弥生農村の誕生』（講談社　1989）

工楽善通『古代史復元５　弥生人の造形』（講談社　1989）

朝日新聞社『銅鐸の谷　加茂岩倉遺跡と出雲』（朝日新聞社『朝日グラフ別冊』 1997）

佐原　真『魏志倭人伝の考古学』（歴博ブックレット（１）歴史民俗博物館振興会　1997）

藤尾慎一郎 『福岡平野における弥生文化の成立過程』（国立歴史民俗博物館『国立歴史民俗博物館研究報告 第 77 集』 1999）

国立歴史民俗博物館『新弥生紀行　北の森から南の海へ』（国立歴史民俗博物館　1999）

金関　恕監修　大阪府立弥生文化博物館編『卑弥呼の食卓』（吉川弘文館　1999）

佐原　真『古代を考える　稲・金属・戦争』（吉川弘文館　2001）

国立科学博物館『日本人はるかな旅展』（国立科学博物館　2001）

佐原　真、金関　恕、春成秀爾 『美術の考古学』（岩波書店　2005）

金関　恕、春成秀爾編『衣食住の考古学』（岩波書店　2005）

寺沢　薫『王権誕生　日本の歴史 02』（講談社　2008）

山梨県立考古博物館『第 26 回特別展　埋められた財宝』（山梨県立考古博物館　2008）

藤堂明保、竹田晃、影山輝國　全訳注『倭国伝　中国正史に描かれた日本』（講談社　2010）

著者　譽田亜紀子

岐阜県生まれ。京都女子大学卒業。奈良県橿原市の観音寺本馬遺跡から出土した土偶との出会いをきっかけに、考古学に強く興味を持つ。各地の遺跡や博物館を訪ねて研究を重ねている。著書『はじめての土偶』(2014年、世界文化社)、『土偶のリアル 発見・発掘から蒐集、国宝誕生まで』(2017年、山川出版社)、『知られざる縄文ライフ』(2017年、小社刊)、『折る土偶ちゃん』(2018年、朝日出版社)、『「縄文」のヒミツ』(2018年、小学館) ほか。

監修　大阪府立弥生文化博物館

STAFF

イラスト　スソ アキコ
イラスト着彩　稲井 史
図　新保基恵
編集　戸村悦子
デザイン　宇江喜桜 (SPAIS)

え? 弥生土器《やよいどき》なのに
縄文《じょうもん》がついたものがあるって本当《ほんとう》ですか!?

知《し》られざる弥生《やよい》ライフ

2019年6月10日　発　行
2025年1月17日　第4刷

NDC201

著　者　譽田亜紀子《こんだあきこ》
発行者　小川　雄一
発行所　株式会社 誠文堂新光社
〒113-0033　東京都文京区本郷3-3-11
https://www.seibundo-shinkosha.net/
印刷所　株式会社 大熊整美堂
製本所　和光堂 株式会社

ISBN978-4-416-51943-1